W0408214

Harald Süß

Deutsche Schreibschrift

Lesen und Schreiben lernen
Lehrbuch

AUGUSTUS VERLAG

Die Deutsche Bibliothek – CIP-Einheitsaufnahme

Süß, Harald:
Deutsche Schreibschrift lesen und schreiben lernen /
Harald Süß. –
Augsburg : Augustus-Verl.

Lehrbuch. – 1991
ISBN 3-8043-0153-3

Das Werk einschließlich aller seiner Teile ist urheberrechtlich geschützt.
Jede Verwertung außerhalb des Urheberrechtsgesetzes ist ohne Zustimmung des Verlags unzulässig und strafbar. Das gilt insbesondere für Vervielfältigungen, Übersetzungen, Mikroverfilmungen und die Einspeicherung und Verarbeitung in elektronischen Systemen.

Umschlaggestaltung: Klaus Neumann, Wiesbaden

AUGUSTUS VERLAG AUGSBURG 1992
© Weltbild Verlag GmbH, Augsburg
Satz: 10½ / 12 P. Trump Mediaeval von Utesch Satztechnik GmbH, Hamburg
Druck: Appl, Wemding
Printed in Germany

ISBN 3-8043-0153-3

Inhaltsverzeichnis

Einführung

„Nur die Schrift allein bewahret die köstlichen Gedanken der weisen Männer und die Aussprüche der Götter, ja selbst alle Philosophie und Wissenschaft und übergibt sie von Jahrhundert zu Jahrhundert den kommenden Geschlechtern." (Diodorus Siculus)

Die Schrift zählt zu den wichtigsten Errungenschaften in der Geschichte der Menschheit. Erst sie verlieh der sprachlichen Aussage und dem stummen Gedanken eine den Augenblick überdauernde, bewahrende Gestalt. Daher stellt die Entwicklung eigenständiger Schriftformen für jedes Volk ein bedeutendes, wertvolles Kulturgut dar. Die deutsche Schreibschrift als Teil unserer geschichtlich gewachsenen Schriftkultur war jahrhundertelang das Ausdrucksmittel für einen Großteil der handschriftlichen Überlieferungen unseres Volkes. Generationen lernten sowohl deutsche als auch lateinische Buchstaben lesen und schreiben und so war es noch bis vor wenigen Jahrzehnten jedem halbwegs Gebildeten ohne allzu große Mühe möglich, handschriftliche Aufzeichnungen seiner Vorfahren zu entziffern. Erst die planmäßige Verbannung der deutschen Schreibschrift aus dem Schulunterricht seit 1941 mit ihren zwangsläufigen Folgewirkungen brachte es mit sich, daß heute die meisten Zeitgenossen einer „Sütterlin" oder gar „Kurrent" ziemlich ratlos gegenüberstehen.

Wer beruflich mit handschriftlichen Dokumenten älteren Datums zu tun hat, sich mit geschichtlichen Wissenschaften wie Urkunden-, Wappen- oder Münzwesen befaßt, Familienforschung betreibt oder ganz einfach einmal wissen möchte, welche Geheimnisse Tante Adele ihrem Kochbuch anvertraut hat oder was in Großvaters Lehr- und Dienstzeugnissen steht, wird nicht umhin kommen, sich mit den Formen der deutschen Schreibschrift auseinanderzusetzen.

Wenn wir uns in einer Zeit, in der Schreibmaschine und Bildschirmtechniken die Handschriften allgemein aus den meisten Lebensbereichen verdrängt haben, mit dem Erlernen einer nicht mehr üblichen Schreibform befassen, wird dies keine von reinen Nützlichkeitsgedanken getragenen Beweggründe haben. Gleich, ob Sie aus Liebhaberei für die Bewahrung eines vernachlässigten Kulturgutes, aus wissenschaftlichen Erwägungen, reiner Freude am Schriftschreiben oder nur aus Neugier die Feder zur Hand nehmen, sollte eine deutsche Handschrift zu lernen sich nicht nur in blinden Übungen erschöpfen. Sie harrt als eine der weniger bekannten Ausdrucksformen der Kalligraphie ihrer Wiederentdeckung und bietet auch in unserer Zeit eine Vielzahl von lohnenden Anwendungsmöglichkeiten.

Lesen und Schreiben lernen, dazu will Ihnen dieses Buch Anregung und Hilfe sein. Es gliedert sich in zwei Teile, die durch eine kleine Geschichte der deutschen Schreibschrift sowie sieben ABC-Tafeln aus drei Jahrhunderten eingeleitet werden. Sie sollen Ihnen einen Vergleich der Formbildungen ermöglichen.

Der erste Teil behandelt das Lesen von deutschen Handschriften. Hinweise auf ihre Besonderheiten und Lesehilfen leiten zum eigentlichen Übungsabschnitt über. Die um 1900 gebräuchliche Kurrentschrift bildet die Grundlage, auf der das Lesen vom Einzelwort zum fortlaufenden Text mit eigens dafür geschriebenen Beispielen geübt wird. Schließlich haben Sie anhand einer Reihe im Gleichdruck wiedergegebener Handschriften verschiedenen Inhaltes die Möglichkeit der praktischen Anwendung und Vertiefung Ihrer erworbenen Kenntnisse. Eine Übertragung sämtlicher Übungstexte ist am Anschluß daran abgedruckt.

Der zweite Teil soll Sie mit der Technik des Schreibens vertraut machen. Sie erfahren, welche Schreibgeräte und Materialien man benötigt und wie man damit umgeht. Drei verschiedene Grundalphabete werden vorgestellt und in ihrem Formenaufbau erläutert. Neben der Offenbacher Schrift, auf der als zeitgemäßester Schreibform das Schwergewicht liegt, werden auch die Sütterlin sowie die um 1900 übliche Kurrent behandelt. Das dazugehörige Übungsbuch ist als praktische Ergänzung zur sichtbaren Überprüfung Ihres Schreibfortschrittes gedacht. Verschiedene Abbildungen als Anregung für eine praktische, gestalterische Anwendung runden das Buch ab.

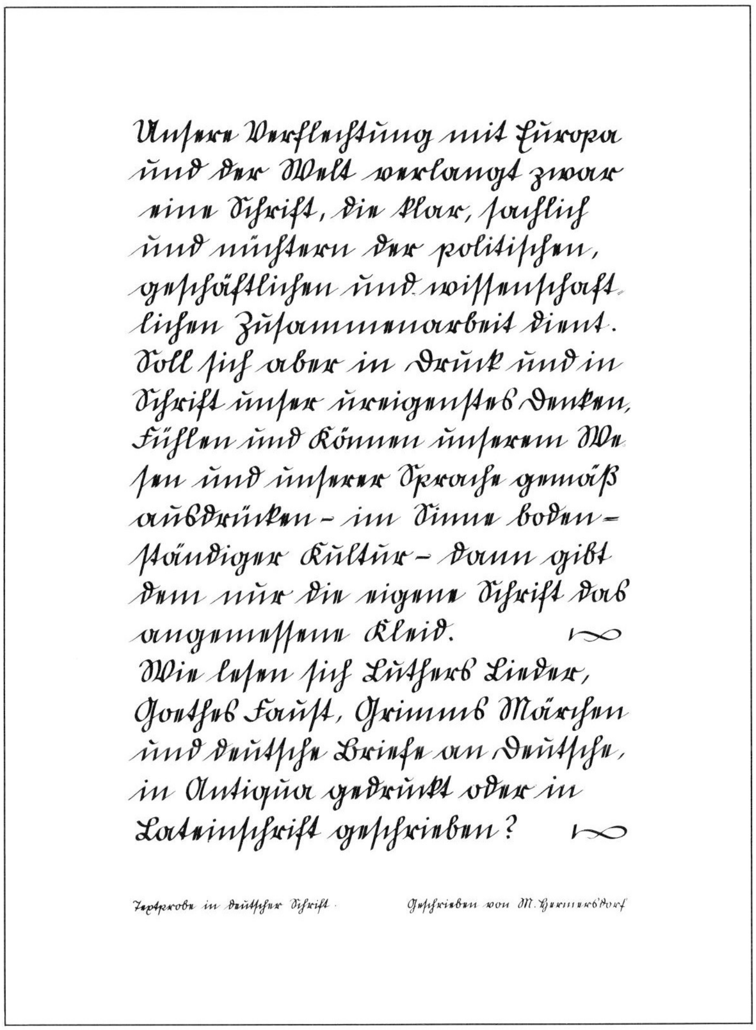
Unsere Verflechtung mit Europa und der Welt verlangt zwar eine Schrift, die klar, sachlich und nüchtern der politischen, geschäftlichen und wissenschaftlichen Zusammenarbeit dient. Soll sich aber in Druck und in Schrift unser ureigenstes Denken, Fühlen und Können unserem Wesen und unserer Sprache gemäß ausdrücken – im Sinne bodenständiger Kultur – dann gibt dem nur die eigene Schrift das angemessene Kleid.
Wie lesen sich Luthers Lieder, Goethes Faust, Grimms Märchen und deutsche Briefe an Deutsche, in Antiqua gedruckt oder in Lateinschrift geschrieben?

Textprobe in deutscher Schrift. Geschrieben von M. Hermersdorf

Kleine Geschichte der deutschen Schreibschrift

Für die Schriften des Abendlandes bildeten jene Schreibformen den Ausgangspunkt, die durch die Römer von den Phöniziern und Griechen übernommen und vervollständigt worden waren. So wird heute allgemein die römische *Kapitalis* mit ihren 23 Buchstaben sowohl als Wurzel unserer lateinischen als auch der deutschen Druck- und Schreibschrift angesehen.

Einen weiteren Markstein stellte die zu Ende des 8. Jahrhunderts im Reiche Karls des Großen entstandene *Karolingische Minuskel* dar, die in der Folge für die Schriftformen fast aller europäischer Sprachen richtungweisend wurde.

Im 13. Jahrhundert bahnte sich durch die Brechung der bisher runden Buchstaben eine neue Entwicklung an. Das Ergebnis, die *Gotische Minuskel*, fand in Deutschland, England und Frankreich als Buchschrift Verwendung. Den Bedürfnissen nach einer schreibflüssigeren Verkehrs- und Urkundenschrift entsprechend, bildete sich ab dem 14. Jahrhundert die *Gotische Kursive* heraus, deren Buchstaben erstmals die Bestrebung zeigten, miteinander in Verbindung zu treten. Die bis Anfang des 16. Jahrhunderts in Gebrauch befindlichen Verkehrsschriften hatten zwar nach wie vor die Gotische Kursive zum Vorbild, litten jedoch durch die örtlich sehr verschiedenen Ausprägungen der Klosterschreibschulen an einer Uneinheitlichkeit der Formen.

Es ist das Verdienst des wohl bedeutendsten Schreibmeisters seiner Zeit, *Johann Neudörffer* des Älteren (1497–1563), nicht nur an der Schöpfung der Fraktur maßgeblich beteiligt gewesen zu sein, sondern mit seiner Schrifterneuerung auch den Grundstein für die Entwicklung einer eigenständigen deutschen Schreibschrift gelegt zu haben. Er übernahm dazu die Groß- und Kleinbuchstaben von der Fraktur, wobei er letztere vereinfachte und durch sogenannte „blinde Linien" verband. Obwohl Neudörffer in seinem Schreibbüchlein „Eine gute Ordnung vnd kurtze vnterricht..." (Nürnberg, 1538) der selbständigen Schriftgestaltung breiten Raum ließ – so konnte „eben" (=senkrecht), „liegend" (= linksschräg) oder „gesenkt" (= rechtsschräg) geschrieben werden – schuf er doch eine Stileinheit, die lange erhalten blieb. Man unterschied drei Schriftarten: Die *Fraktur* als langsam schreibbare Buchschrift, die *Kurrent* (von lat.: currere = laufen) als Konzept- und Verkehrsschrift und die stilistisch dazwischenstehende *Kanzlei* als Aktenreinschrift.

Die Schüler seiner Nürnberger Schreibschule setzten Neudörffers Werk fort und sorgten, indem sie sich in verschiedenen Städten niederließen, für eine weite Verbreitung seiner Schreibkunst. Der Duktus ihrer ABC-Büchlein beherrschte die Zeit bis zur Mitte des 17. Jahrhunderts. Neben der Nürnberger bildeten sich auch eine niederrheinische, schwäbische, Schweizer und Dresdner Schule, die eine eigenständige Weiterentwicklung betrieben.

Die Schreibschrift des 18. Jahrhunderts erhielt ihr Gepräge großteils durch *Michael Baurenfeind*. Die Großbuchstaben verloren ihren Frakturcharakter zugunsten einer schreibgerechteren Kurrentform, die Eigenart der Kurrent als Steilschrift mit leichter Neigung der kurzen Grundstriche nach links und der langen Aufstriche nach rechts setzte sich allgemein durch.

Durch die Ausbreitung des Schulwesens seit dem 16. Jahrhundert war das Lesen und Schreiben immer mehr Gemeingut breiterer Schichten geworden, aber die Regelwerke der Schreibmeister richteten sich keineswegs nur an die Lehrerschaft, sondern vielmehr an die gesamte schreibende Öffentlichkeit (Tafel 1). 1714 wurde in Preußen erstmals die Normung der Schulschrift mittels Erlaß durchgeführt, indem man die Vorlagen des Schreibmeisters *Hilmar Curas* für verbindlich erklärte. Dessen spitze Formen bürgerten sich durch Preußens Vorbild bald auch in den anderen deutschen Ländern ein.

Über 300 Jahre lang hatte die breitgeschnäbelte Vogelkielfeder, die ihrerseits die Rohrfeder abgelöst hatte, mit ihrem kräftigen Duktus das Erscheinungsbild der deutschen Schreibschrift bestimmt. Ende des 18. Jahrhunderts kam von England, das schon rund 100 Jahre vorher den Schritt von der gotischen zur lateinischen Kursive vollzogen hatte, eine neue Stilrichtung. Diese *englische Schreibschrift* brachte mit ihrer Vorbildwirkung starke Veränderungen: Der kennzeichnende Schwellzug der Buchstaben bedurfte der langgeschnäbelten Spitzfeder als Schreibwerkzeug, diese wiederum erforderte eine unnatürliche Handhaltung. Unter diesen Einflüssen entstanden Lehrwerke wie jene von *Johann Heinrigs* (1809) oder *Carl Hennig* (1817), deren Formen im wesentlichen bis zum Anfang des 20. Jahrhunderts richtungweisend blieben. Ober- und Unterlängen wurden gleich groß geschrieben, der Neigungswinkel auf rund 60 Grad festgelegt (Tafel 2).

Das zeitraubende Schneiden und die schnelle Abnützung der Vogelkielfedern beschleunigte die Einführung der spitzen Stahlfeder (seit 1830 in England und 1856 in Deutschland fabrikmäßig gefertigt), die aber durch den erforderlichen wechselnden Schreibdruck einen weiteren Nachteil mit sich brachte. Schreibmethodiker wie *Hertzsprung* (1854), *Strahlendorff* (1866) oder *Henze* (1870) versuchten, das neue Gerät in den Schreibvorgang einzuflechten. Ihre Vorschriften fallen durch sehr schräge Buchstaben (bis 45 Grad) sowie unverhältnismäßig große Ober- und Unterlängen auf, was zu einer starken Beeinträchtigung der Lesbarkeit führte. Erst um die Wende zum 20. Jahrhundert wurden die Verhältnisse innerhalb der Lineatur auf das Maß 2 : 1 : 2 zurückgenommen und die Rechtsneigung auf 60 bis 70 Grad beschränkt (Tafel 3), ohne aber die sonstigen Mißstände abzuschaffen.

Erst den Schrifterneuerern des 20. Jahrhunderts wie *Edward Johnston* (England), *Rudolf von Larisch* (Österreich) sowie *Ludwig Sütterlin* und *Rudolf Koch* (Deutschland) war es vorbehalten, die Spitzfeder als Wurzel des Niedergangs sowohl der lateinischen als auch der deutschen Schreibschrift zu erkennen. Gleichlaufend waren auch neue, handgerechte Arten von Stahlfedern entwickelt worden: Die Gleichzugfeder (auch Redis- oder Schnurzugfeder) sowie die Kugelspitzfeder für gleichbleibende, die Bandzugfeder (auch Breit- oder Wechselzugfeder) für wechselnde Strichbreiten.

Ludwig Sütterlin (1865–1917), dessen Name oft fälschlich als Sammelbegriff für alle deutschen Schreibschriften verwendet wird, war der landläufig wohl bekannteste Erneuerer. Er stellte seine Buchstaben senkrecht, vereinfachte deren Formen auf ein Mindestmaß und legte die Lineatur auf das Verhältnis 1 : 1 : 1 fest. Seine Schulausgangsschrift, die mit einem Gleichzuggerät geschrieben wird, fand ab 1914 versuchsweise, ab 1924 verbindlich (Erlaß U III A Nr. 138) in den preußischen Grundschulen Eingang und wurde bis 1930 bereits in den meisten deutschen Ländern im Unterricht verwendet (Tafel 4). Wenig bekannt ist, daß Sütterlin auch eine stilistisch entsprechende lateinische Schulschrift schuf.

Wieder andere Wege beschritt der wohl bedeutendste Schriftkünstler unseres Jahrhunderts, *Rudolf Koch* (1876–1934), der seine *Offenbacher Schrift* 1927 unter dem Gesichtspunkt leichter Schreibbarkeit in Verbindung mit künstlerischer Schönheit entwickelte. Die im Winkel von 75 bis 80 Grad angesetzten Grundstriche verleihen seinen im Lineaturverhältnis von 2 : 3 : 2 stehenden Buchstaben durch den taktmäßigen Wechsel von Bewegung und Gegenbewegung ein lebendiges Erscheinungsbild (Tafel 5). Trotz ihrer Vorzüge konnte sich die Offenbacher Schrift nur an einigen Schulen in Hessen vorübergehend halten, fand aber große Anerkennung und Verbreitung in Schriftfachkreisen.

Kochs Schüler *Martin Hermersdorf* (1894–1981) entwickelte die Offenbacher Schrift weiter, indem er – mit Kochs Einverständnis – einige Buchstaben neu gestaltete. Im Rahmen des Iserlohner Schreibkreises setzte er sich auch nach dem Krieg für eine Wiedereinführung der deutschen Schreibschrift im Unterricht ein. Die bayrischen Schulschriftvorlagen von 1950 beruhen großteils auf seinen Richtformen (Tafel 7).

Bis 1934 gab es in Deutschland keine einheitliche deutsche Schreibschrift. Zwar hatten sich Sütterlins Formen im wesentlichen im Schulbetrieb durchsetzen können, doch gab es auch hier örtliche Abweichungen, wie z. B. bei der in Bayern 1933/34 gelehrten „Volksschrift". Dieser Vielfalt setzten erst die mit Erlaß vom 07. 09. 1934 (R U II C 227) und ab dem Schuljahr 1935/36 gültigen Richtformen ein Ende. Diese hatten zwar ebenfalls Sütterlins Buchstaben als Vorbild, doch vermied man die allzu kindlich wirkenden Kringel zugunsten schreibflüssigerer Formen mit leichter Rechtsneigung (Tafel 6).

Der Streit um Fraktur oder Antiqua, um Zweckmäßigkeit und Vorzüge der deutschen und lateinischen Druck- als auch Schreibschrift, erreichte um die Wende zum 20. Jahrhundert seinen Höhepunkt. Die von beiden Seiten auf allen Ebenen geführte Auseinandersetzung gipfelte zunächst in der Reichstagsabstimmung vom 17. 10. 1911, in der der eingebrachte Antrag auf Abschaffung der deutschen Schriften mehrheitlich abgelehnt wurde und damit die fruchtbare Zweischriftigkeit für die folgenden 30 Jahre erhalten blieb. Daß schließlich durch einen Willkürakt der nationalsozialistischen Regierung der deutschen Schrift das „Aus" erklärt wurde, ist weitgehend unbekannt. Nachdem schon am 03. 01. 1941 in einem Geheimerlaß die Druckschriften Gotisch, Schwabacher und Fraktur mit einer in allen Einzelheiten falschen und geradezu lächerlichen Begründung („Schwabacher Judenlettern") verboten worden waren, wurde auch durch Runderlaß vom 01. 09. 1941 (E II a 334/41 E III, Z IIa) ein Schlußstrich für die deutsche Schreibschrift gezogen. Fortan sollte nur mehr die sogenannte „Normalschrift", wie die lateinische Druck- und Schreibschrift bezeichnet wurde, gelehrt und verwendet werden.

Auch nach 1945 waren die kulturell Verantwortlichen nicht bereit, sich für die Wiedereinführung im Unterricht einzusetzen und verliehen damit dem NS-Erlaß eine unerwartete Folgeträchtigkeit. So kam es nur zaghaft und vorübergehend zu einer schulmäßigen Verwendung als Zweitschrift, so z. B. in Bayern von 1950 bis 1971. Damit wird zwangsläufig die Zahl derer, die diese Schriften lesen oder gar schreiben können, von Jahr zu Jahr geringer. Im Rahmen der wiedererwachenden Begeisterung für Urkundenforschung und Zeitgeschichte vermitteln Volkshochschulen im Rahmen von Lehrgängen Grundkenntnisse der deutschen Schreibschrift. Ihrer Pflege und Förderung haben sich auch verschiedene Vereinigungen und Bürgerbewegungen verschrieben wie z. B. der schon 1918 gegründete (und 1941 zwangsaufgelöste) „Bund für deutsche Schrift und Sprache", die Übungsmaterial anbieten, Brieffreundschaften vermitteln und schriftfachliche Auskünfte erteilen. Die vollständigen Anschriften sind im Anhang des Literaturverzeichnisses angeführt.

Schrifttafeln im Vergleich

Tafel 1: Schreibschrift des 18. Jahrhunderts (1749)

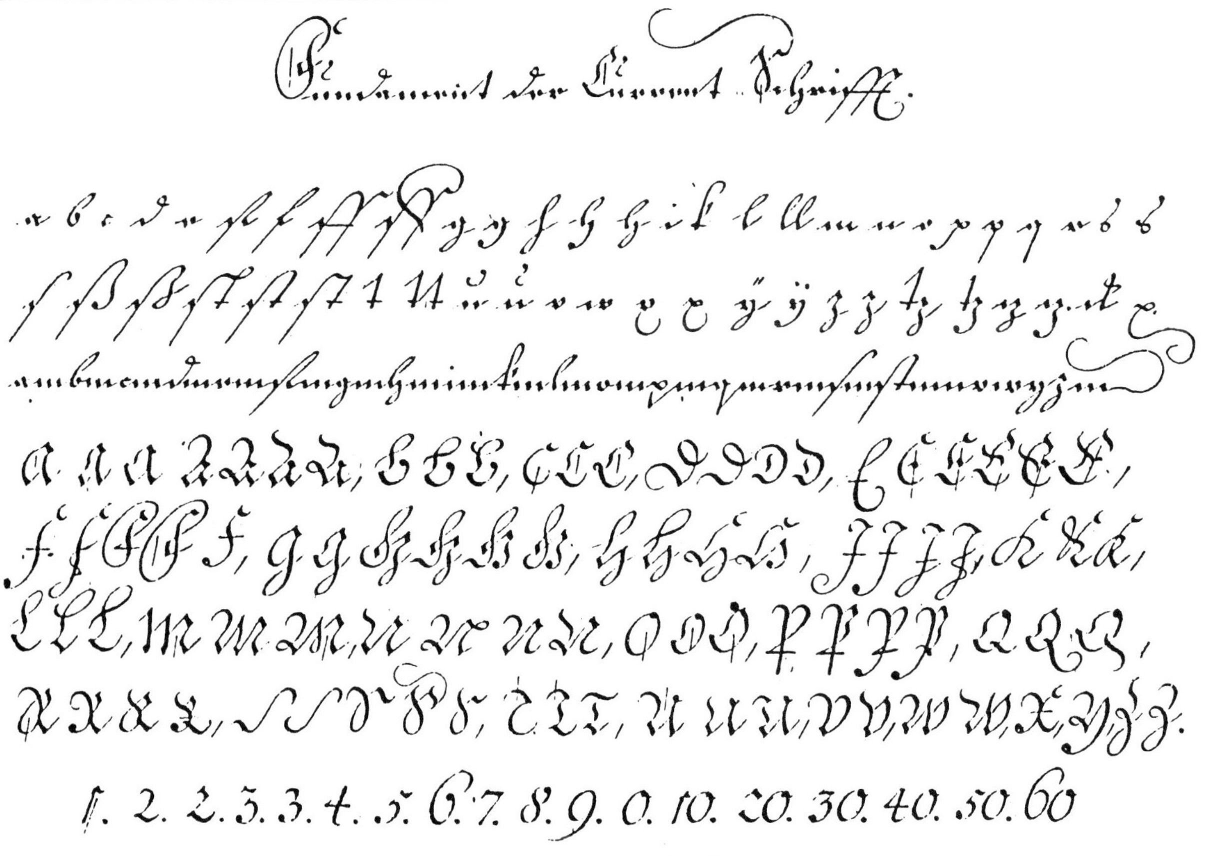

Titel : Fundament der Current Schrifft
1. Zeile : a b c d e f f ff ff g g h h h i k l ll m n o p p q r s s
2. -"- : ſ ß ß ſt ſt ſt t t tt u u v w x x ÿ ÿ z z tz cz cz ck
3. -"- : (Beispiel für untereinander verbundene Kleinbuchstaben)
4. -"- : AAAAAAA, BBB, CCC, DDDD, EEEEEE,
5. -"- : FFFFF, GGGGGG, HHHH, JJJJ, KKK,
6. -"- : LLL, MMM, NNN, OOO, PPPP, QQQ,
7. -"- : RRRR, SSSSS, TTT, UUU, V V, WW, X, Y, ZZ
8. -"- : 1. 2. 2. 3. 3. 4. 5. 6. 7. 8. 9. 0. 10. 20. 30. 40. 50. 60.

Auszugsweise Wiedergabe der Tafeln 3 und 4 aus dem Schreibbüchlein des Johann Stäps, Leipzig 1749. Im Original mit der breiten Gänsekielfeder und Eisengallustinte geschrieben und für den Druck in Kupfer gestochen.

Tafel 2: Schreibschrift des 19. Jahrhunderts (1814)

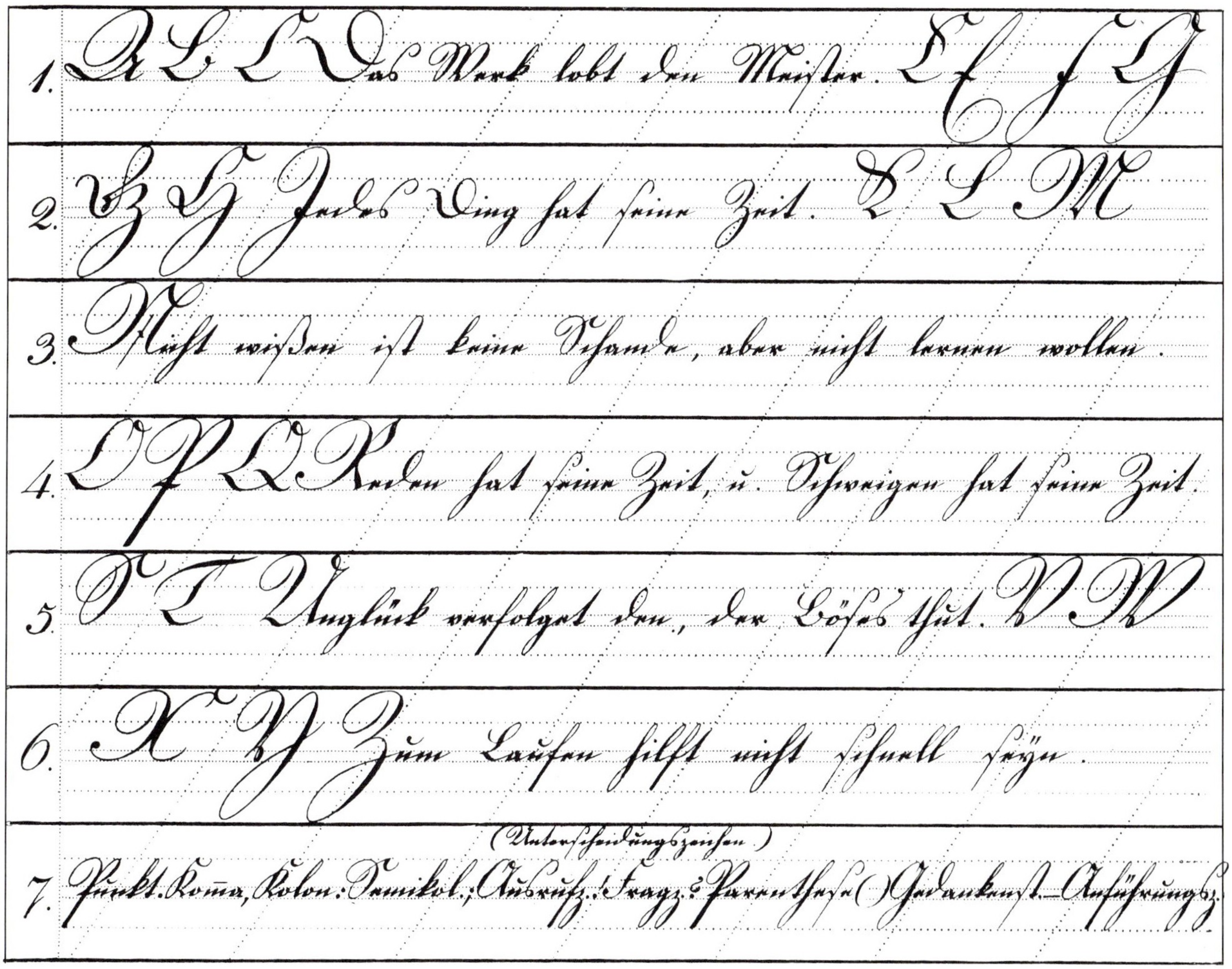

1. A B C Das Werk lobt den Meister. E E F G
2. G H Jedes Ding hat seine Zeit. K L M
3. Nicht wißen ist keine Schande, aber nicht lernen wollen.
4. O P Q Reden hat seine Zeit, u. Schweigen hat seine Zeit.
5. S T Unglück verfolget den, der Böses thut. V W
6. X Y Zum Laufen hilft nicht schnell seÿn.
7. Punkt . Kom̄a , Kolon : Semikol. ; Ausrufz. ! Fragz. ? Parenthese () Gedankenst. – Anführungsz. „ (Unterscheidungszeichen)

Spitzfederkurrent des 19. Jhdts. unter dem Einfluß der englischen Schreibschrift, Neigungswinkel 55°. Entnommen aus „Instruktive Anweisung zur gründlichen Erlernung der Schönschreibkunst“ von J. A. Kirschner (1814).

Tafel 3: Schreibschrift des 19./20. Jahrhunderts (Kurrent um 1900)

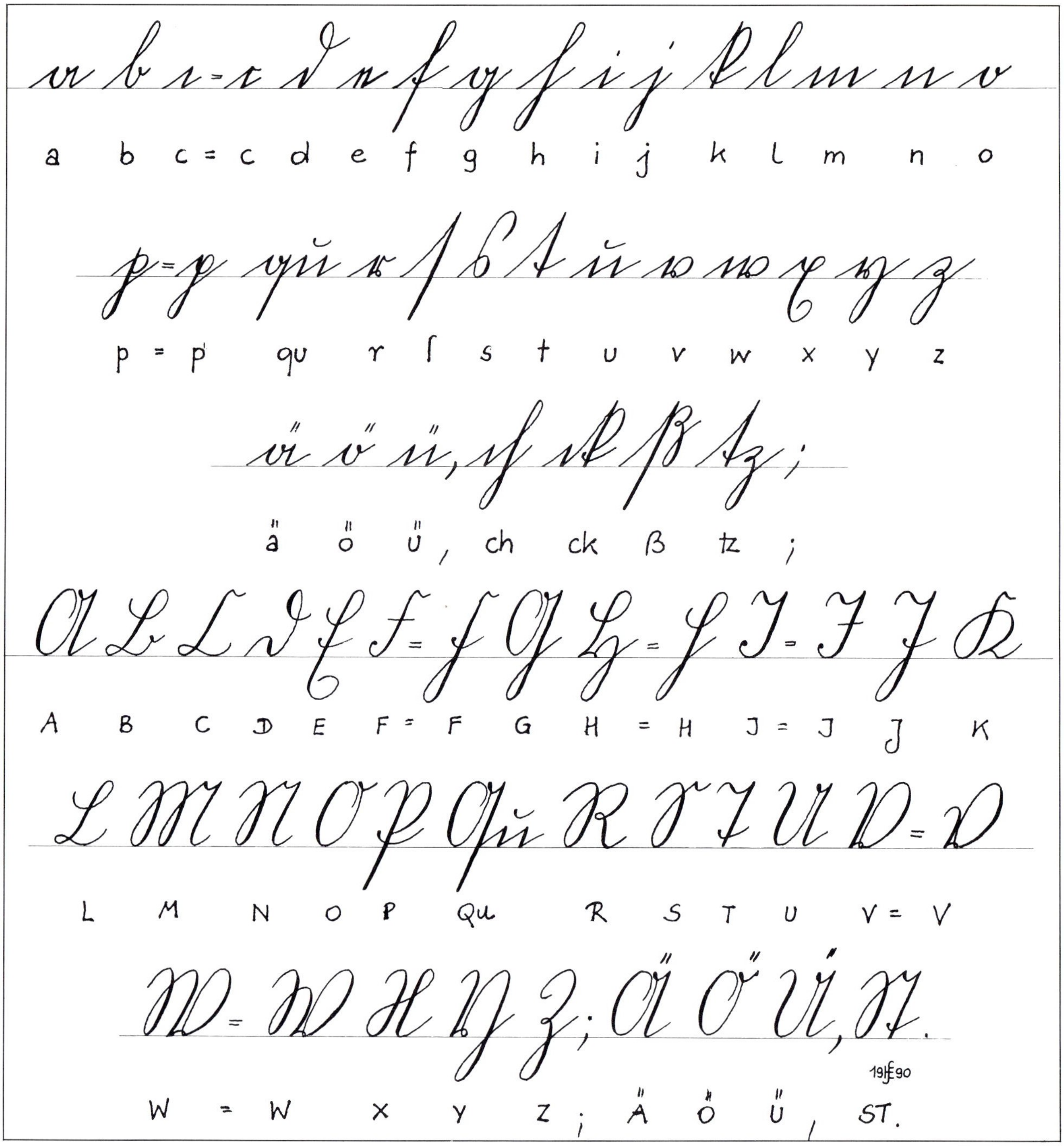

Mit der Spitzfeder ausgeführte Kurrent, wie man sie um 1900 schrieb. Der Neigungswinkel schwankte zwischen 60° und 70°, es sind aber auch fast senkrechte Schriften bekannt. Bei den Großbuchstaben gab es überall geringfügig verschiedene Ausführungen; einige Zweitformen sind wiedergegeben. Die Ziffern und Satzzeichen entsprechen denen der Lateinschrift.

Tafel 4: Schulausgangsschrift von Ludwig Sütterlin, 1911

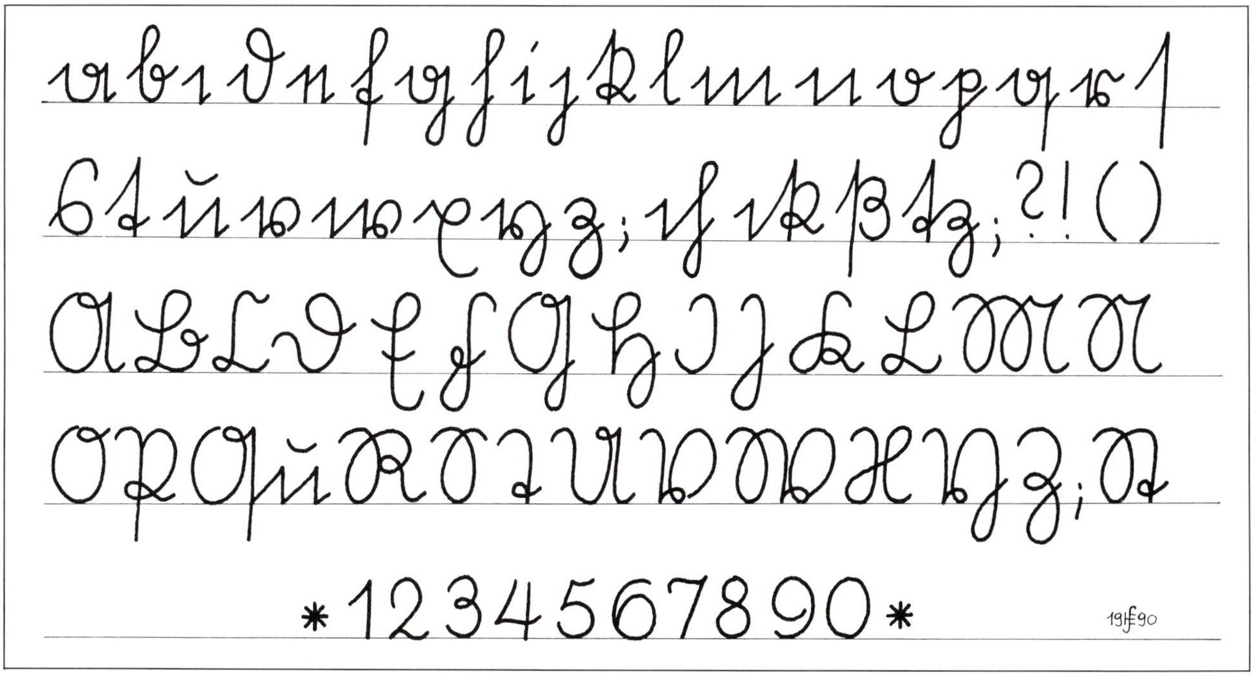

Tafel 5: Offenbacher Schrift von Rudolf Koch, 1927

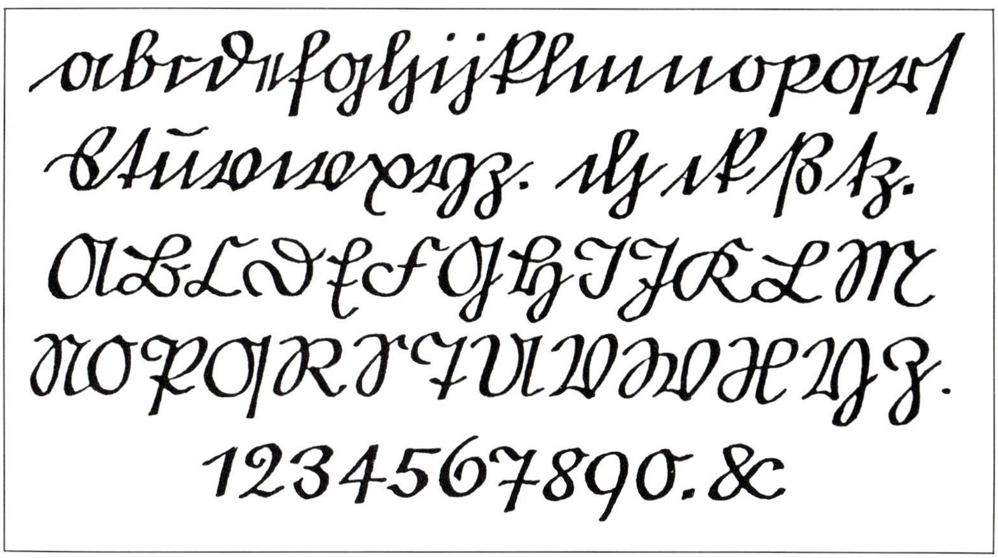

Das vorliegende ABC ist den Abbildungen 29 und 31 aus dem „Schreibbüchlein" von Rudolf Koch (unveränderter Nachdruck der 8. Auflage) mit freundlicher Genehmigung des Bärenreiter-Verlages, Kassel, entnommen.

Tafel 6: Richtformen der Verkehrsschrift von 1934

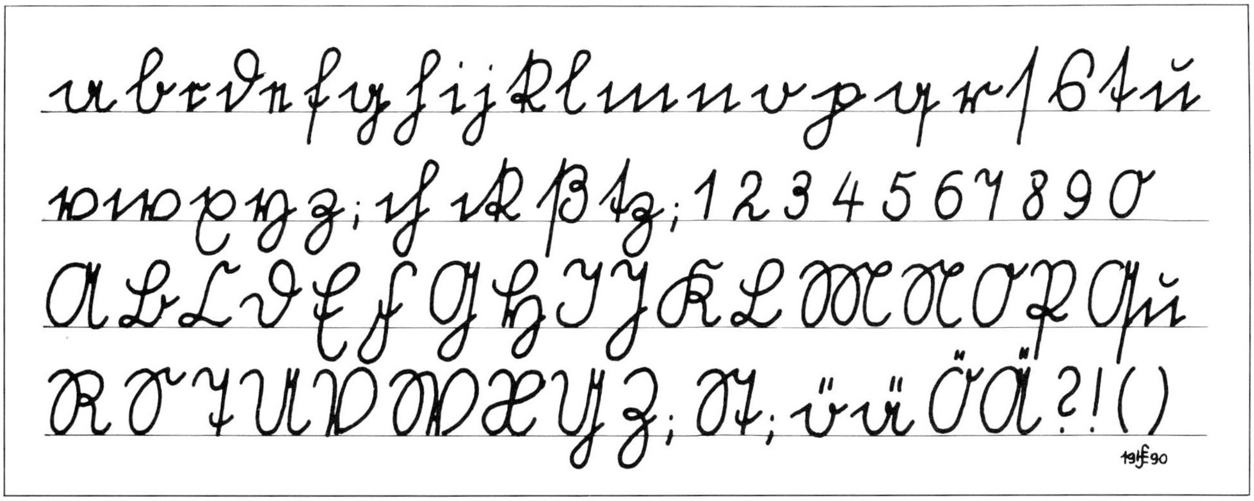

Tafel 7: Deutsche Schreibschrift nach Vorlagen der Koch-Hermersdorf-Schrift, in Bayern von 1950 bis 1955) als Zweitschrift im Schulgebrauch*

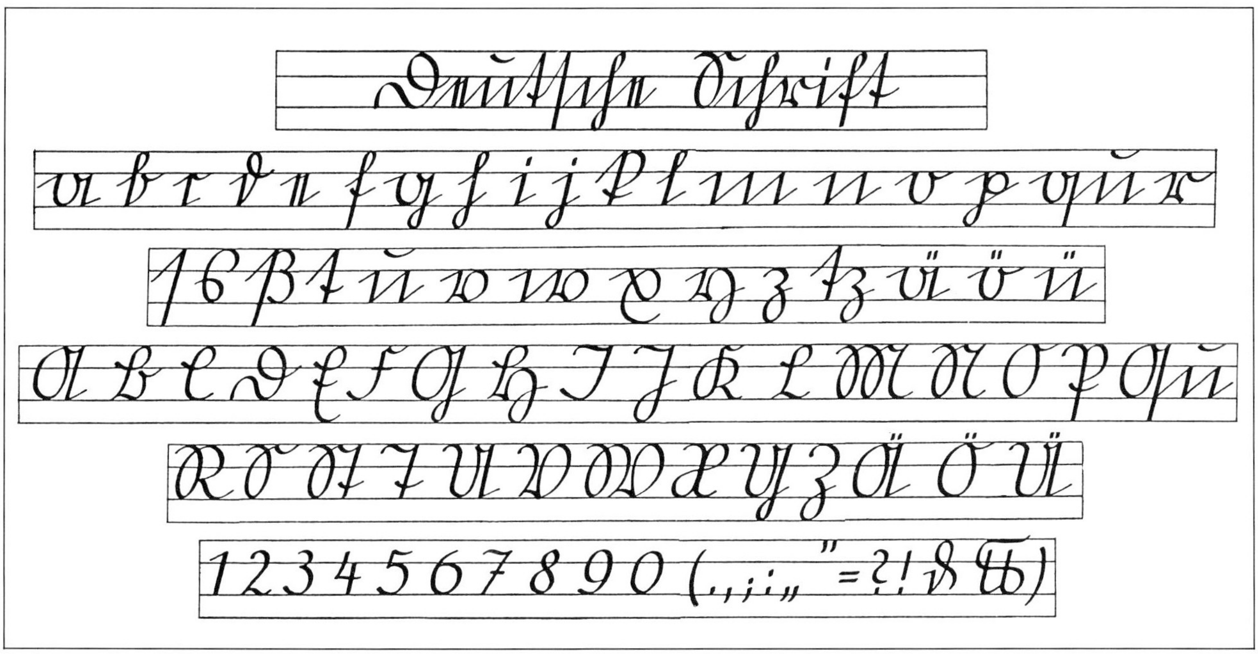

Abbildung gemäß Bekanntmachung des Bayrischen Staatsministeriums für Unterricht und Kultus vom 22. 08. 1950

*) von 1955 bis 1971 war ein in Anlehnung an die Verkehrsschrift von 1934 gestaltetes Musterblatt in Verwendung

Erster Teil: Das Lesen

Einleitung

Als Einstieg zum Lesenlernen der deutschen Schreibschrift eignen sich jene Formen, die, von geringfügigen Abweichungen abgesehen, vom Beginn des 19. Jahrhunderts bis etwa 1925 an den Schulen des deutschsprachigen Raumes gelehrt wurden und auch die Handschriften dieser Epoche bestimmten. Aus diesem Zeitraum stammen auch die weitaus meisten der uns heute noch zur Verfügung stehenden handschriftlichen Überlieferungen unserer Vorfahren. Wer sich einmal mit den Buchstabenbildern der „Kurrent" vertraut gemacht hat, wird auch keine Schwierigkeiten mit neueren Formen (z. B. Sütterlin) haben und sich mit vergleichsweise geringer Mühe in die vor 1800 gebräuchlichen Stilformen einlesen.

Der Leseübungsteil ist so aufgebaut, daß Sie sich zunächst stufenweise mit der um 1900 üblichen Kurrent vertraut machen und in der Folge die Möglichkeit haben, Ihr erworbenes Wissen beim Übertragen von Handschriften verschiedensten Inhalts zu festigen und zu erweitern.

Eine Zusammenfassung der wichtigsten Besonderheiten enthält der folgende Abschnitt „Hinweise und Lesehilfen".

Die ersten Übungen beginnen damit, daß Sie sich anhand von unzusammenhängenden Wörtern die Klein- und Großbuchstaben einprägen sollen. Die entsprechende Übertragung findet sich jeweils unter dem betreffenden Wort, das vollständige ABC können Sie der Tafel 3 entnehmen. Sie sollten diese zwei Seiten auch ohne Einhalten der Wortreihenfolge halbwegs flüssig lesen können, bevor Sie sich den nächsten Schritt vornehmen. Bei den folgenden Beispielen handelt es sich um geschlossene Texte verschiedener Länge. Um Sie nicht gleich anfangs mit verschiedenen Handschriften zu überfordern, sind alle bisher genannten Übungen vom Verfasser in einer möglichst der Richtform um 1900 entsprechenden Kurrent ausgeführt.

Mit der leserischen Beherrschung der bisherigen Übungstexte haben Sie die Grundlage zum Studium echter historischer Handschriften erworben. Die in der Folge abgebildeten Beispiele stammen aus der Zeit zwischen 1925 und 1640 und sind so ausgewählt, daß sie bei unterschiedlichem Inhalt verschiedene Handschriften zeigen, insgesamt aber mit etwas Einfühlungsvermögen gut zu lesen sind. Zur Überprüfung Ihrer Kenntnisse und zum Nachschlagen von Wörtern, deren Sinn Sie nicht entschlüsseln konnten, finden Sie eine Übertragung sämtlicher Lesebeispiele am Schluß dieses Teiles.

Hinweise und Lesehilfen

Bevor Sie mit den eigentlichen Übungen beginnen, sollten Sie diesen Abschnitt aufmerksam durchlesen. Er enthält in kurzgefaßter Form Wissenswertes über Besonderheiten und Dinge, die Ihnen anfangs Schwierigkeiten bereiten könnten.

Die Buchstaben

Grundlage ist die Kurrent der Jahrhundertwende. Wenn Sie die Buchstaben auf Tafel 3 (Seite 13) einzeln betrachten, werden Sie feststellen, daß einige den gewohnten lateinischen Gegenstükken fast gleichen und bei vielen anderen der Unterschied vor allem in der Brechung der Rundungen besteht. Bei den Großbuchstaben werden Ihnen die meisten unbekannten Formen begegnen; sie bedürfen einer gewissen Gewöhnungszeit.

Allgemeine Leseschwierigkeiten

Die Leserlichkeit einer Handschrift hängt zwar größtenteils von der Ausführung der Buchstaben und ihrer Abweichung von einer bekannten Richtform ab, doch wird trotzdem jeder den Schwierigkeitsgrad verschieden einstufen. Zwangsläufig werden sich bei manchen Wörtern Unklarheiten ergeben. Lassen Sie diese vorerst aus und lesen Sie weiter. Oft ergibt sich die Lösung aus dem folgenden Sinnzusammenhang. Hilfreich kann es auch sein, sich den Zweck eines Schreibens, die Rolle des Verfassers sowie des Empfängers (soweit jeweils bekannt) zu vergegenwärtigen. Viele Zweifelsfälle treten bei Eigennamen und Ortsbezeichnungen auf, die oft nur im Vergleich mit anderen, im Zusammenhang stehenden Handschriften gedeutet werden können. Wenn Sie sich einmal völlig „festgelesen“ haben empfiehlt es sich, bis zum nächsten Versuch einige Zeit verstreichen zu lassen. Setzen Sie sich zum Ziel, den Inhalt eines Schreibens gesamtschaulich zu erfassen; wenn einzelne Wörter dabei unerklärlich bleiben, braucht Sie das nicht zu beunruhigen.

Die s-Formen

Die deutsche Schreibschrift kennt, ebenso wie die Druckschrift, zwei verschiedene Formen des „s“: Das sogenannte

lange  und das runde  „s“.

Grundsätzlich gilt folgende Regel:

 kann *nur* am Ende eines Wortes oder einer Silbe stehen, z. B.:

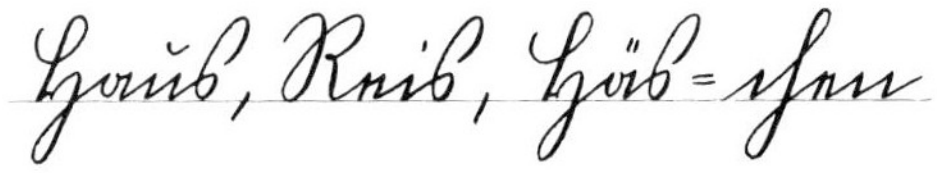

in allen anderen Fällen steht 

 heißt auch „Schluß-s“ und die Form

 gibt es nicht!

 steht im Wortinneren am Silbenschluß, wenn

a) die folgende Silbe mit s oder p beginnt und keine Wortfuge (Verbindung zweier Wörter) vorliegt.

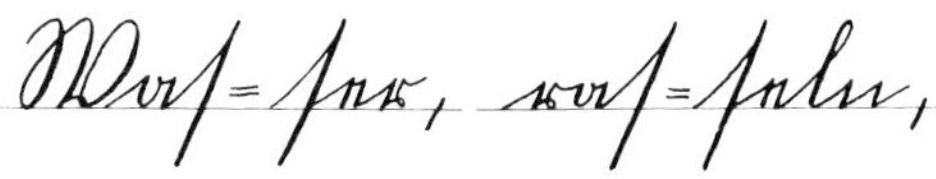

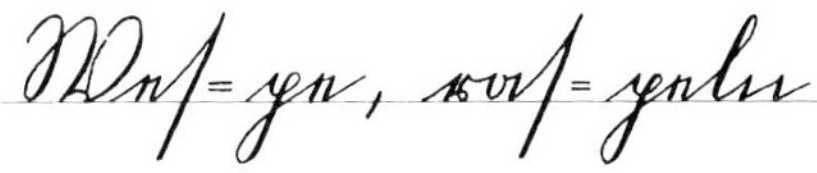

bei Wortfuge hingegen:

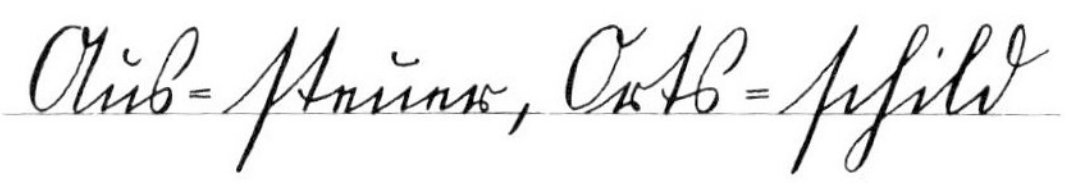

b) ein e hinter dem s ausgefallen ist.

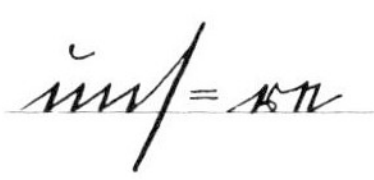 statt: unsere

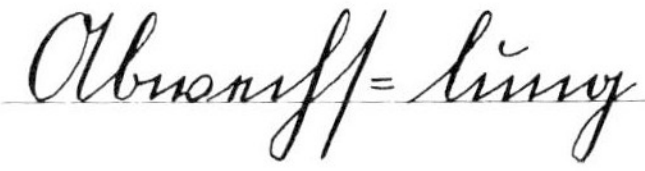 statt: Abwechselung

 (Ligatur aus s und z) wird wie in der Lateinschrift verwendet.

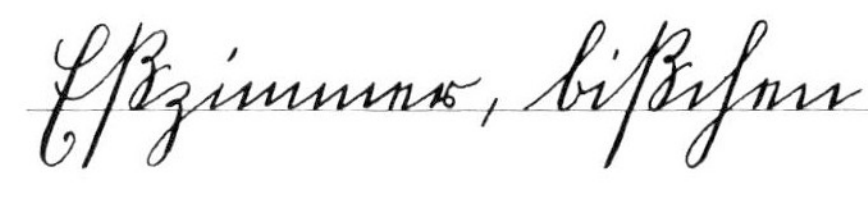

Mögliche Verwechslungen von Buchstaben

Ungewohnte Buchstaben können leicht zu Verwechslungen mit ähnlichen oder solchen, die aus der lateinischen Schrift her geläufig sind, führen. Die flüchtige Schreibweise ausgeschriebener Handschriften sowie persönliche Ausformungen tun dann das ihrige hinzu. So gleichen sich meist „e" und „n", auch „g" und „p" im Erscheinungsbild ziemlich an. Das „u" unterscheidet sich vom „n" nur durch den kleinen Bogen über der Öffnung. „d" unterscheidet sich von „D" meist nur durch seinen spitzen Fuß. Der Anschluß an „d" und „D" kann auf verschiedene Arten erfolgen. Anlaß für Verwechslungen können auch „B" und „L", „K" und „R" sowie „N" und die Ligatur „St" geben. In den meisten Fällen läßt sich jedoch der richtige Sinn durch den Wortzusammenhang ermitteln.

Flüchtige Schreibung von „e" und „n"

kennenlernen

n u platt glatt

Rate Kate Nerz Sterz

Binsen Linsen

↖ der ↗ ↖ Der ↗

Ligaturen (Verbundbuchstaben)

Wenn zwei Buchstaben zu einem Zeichen zusammengefaßt werden, bezeichnet man dies als Ligatur. Man unterscheidet sprachliche und technische Ligaturen. Erstere sind Buchstaben, die durch die Verbindung ihren Lautwert ändern (z. B.: ch, ck, tz), zweitere entstehen bei der Schreibschrift zur Vereinfachung des Schreibflusses, wobei unter Verschmelzung der alten Formen ein neues Buchstabenbild entstehen kann. In der Kurrent der Jahrhundertwende sind nur mehr wenige Ligaturen enthalten. Anlaß zu Verwechslungen gibt nur „St", das dem „N" sehr ähnlich ist. Das beim einzelstehenden „c" zur Unterscheidung öfters verwendete Häkchen am Beginn des Abstrichs wird bei den Ligaturen ch und ck nicht geschrieben.

ch ck ß tz St

Ältere Buchstabenformen

Beim Lesen von Schriftstücken, die vor 1850 verfaßt sind, werden zunehmend unbekannte Buchstabenbilder auftauchen, von denen eine Auswahl hier dargestellt ist. Das „e" läßt sich dabei leicht mit einem „r" verwechseln, das „G" wird gerne für ein „H" gehalten. Verschiedene weitere Ausprägungen, besonders von Großbuchstaben, können Sie der Tafel 1 entnehmen. Das lange „s" wurde oft auch nur als Mittel- und Unterlänge geschrieben; seine Form des mit einem kleinen Bogen endenden Aufstriches läßt sich noch bis ins 20. Jahrhundert hinein verfolgen.

e e f ff ff fft h s s tt v w z

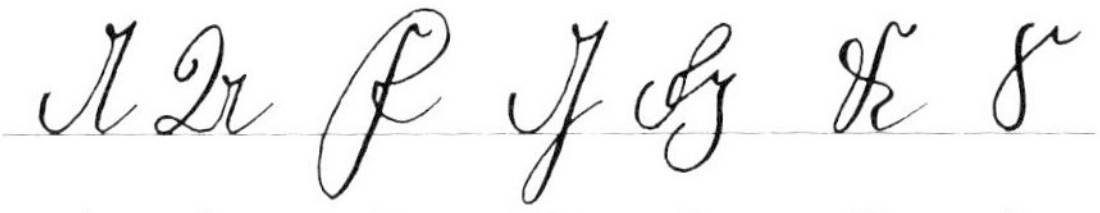

A A F G G K S

s s s sch sch sp sp st st ß

Schriftmischungen – Mischschriften

Anschriften, Überschriften, Fremdwörter sowie Orts- und Eigennamen wurden zur Hervorhebung gerne in lateinischer Schreibschrift geschrieben. Eine Modeerscheinung des vorigen Jahrhunderts war es auch, lateinische Großbuchstaben mit deutschen Kleinen zu mischen. Auch die wahllose Vermischung von deutschen und lateinischen Formen ist, vor allem bei wenig geübten Schreibern, immer wieder festzustellen; in jüngster Zeit bei vielen Vertretern jener Generation, die nach 1941 mit der Umstellung von Deutsch auf Latein nicht zurande kamen.

Abkürzungen

Mit dem Alter der Schriftbelege mehrt sich auch die Zahl der darin verwendeten Abkürzungen, auf die wegen ihrer Fülle hier nicht näher eingegangen werden kann. Bei Handschriften aus dem vorigen Jahrhundert werden es vor allem Münz-, Maß- und Gewichtsbezeichnungen sein, die Schwierigkeiten bereiten. Zu diesem Thema seien die Bücher „Schlüssel zu alten und neuen Abkürzungen“ und „Leseschlüssel zu unserer alten Schrift“ von Paul Arnold Grun (siehe Literaturverzeichnis) empfohlen, die in den meisten Fällen Auskunft geben werden können. Bis in die Gegenwart gehalten hat sich nur der Verdoppelungsstrich über „m“ und „n“, der nicht mit dem Bogen über dem „u“ zu verwechseln ist.

kommen, Summe, Nenner, Neuer

Rechtschreibung

Vor 1901 war die Rechtschreibung in den deutschsprachigen Ländern keinen allgemeingültigen Richtlinien unterworfen. So wird man beim Lesen von Handschriften aus dieser Zeit immer wieder auf Wörter oder Wendungen stoßen, die heute nicht mehr gebräuchlich und uns daher unverständlich sind. Es ist daher nützlich, sich etwas mit dem Sprachgebrauch der betreffenden Epoche vertraut zu machen. Zusätzliche Hilfe bieten Wörterbücher, wie sie auch im Literaturverzeichnis angeführt sind.

Übungsbeispiele

in ein neu nun immer reimen mauern

von vorne wann warum der enden beide

blau lieben blendend tarnen toll kleiden

deckend gängig geben jagen zögern ätzen

prägen pur quer exakt extra essen ist

halsen aufhalten für hohl aus häuslich

daß unerläßlich süß xylographieren noch

yetisuchend aconto servil nah schließen

Mußestunde, Affenbrotbaum, Pfahlbaudorf, Be-

Mußestunde Affenbrotbaum Pfahlbaudorf Be=

triebsleiter, Zitteraal, Quaste, Schriftverzeichnis,

triebsleiter Zitteraal Quaste Schriftverzeichnis

Ort, Herrschaft, Ypsilon, Gehörlosigkeit, Rosenbeet,

Ort Herrschaft Ypsilon Gehörlosigkeit Rosenbeet

Volkstanzfest, Kennzeichen, Jahrhundert, Dackel,

Volkstanzfest Kennzeichen Jahrhundert Dackel

Nießbrauch, Liebeserklärung, Tintenfaß, Stempel,

Nießbrauch Liebeserklärung Tintenfaß Stempel

Weltanschauung, Alpenhauptkamm, Endlagerung,

Weltanschauung Alpenhauptkamm Endlagerung

Feldfrucht, Inselbahn, Xylophon, Kleiderschrank,

Feldfrucht Inselbahn Xylophon Kleiderschrank

Nebelhorn, Höhlenforscher, Chemiewerk, Erstdruck,

Nebelhorn Höhlenforscher Chemiewerk Erstdruck

Ochsenschwanzsuppe, Pappelallee, Busenfreundin,

Ochsenschwanzsuppe Pappelallee Busenfreundin

Zwirn, Sumpfschnecke, Übung, Lastwagen, Uhu

Zwirn Sumpfschnecke Übung Lastwagen Uhu

Rezept für das Vanillebrod

350 Gramm Zucker mit vier Eigelb u. zwei ganzen Eiern recht schaumig gerührt; eine halbe Stange Vanille mit etwas Zucker fein gestoßen u. durch ein Sieb gesiebt, zuletzt 350 Gramm Mehl dazu gethan. Von der Masse kleine Häufchen auf ein Blech gesetzt, u. in mäßiger Hitze gebacken.

19HE90

Eidesformel aus § 113:

„Ich gelobe und schwöre: die Rechte und Freiheiten des Volkes und der Bürger zu achten, die Verfassung und verfassungsmäßigen Gesetze streng zu befolgen und die Pflichten meines Amtes getreu und gewissenhaft zu erfüllen, so wahr mir Gott helfe!"

Diejenigen Personen, denen ihre Überzeugung die Leistung eines Eides nicht gestattet, können an dessen Stelle folgendes Amtsgelübde ablegen:

„Ich gelobe auf meine Ehre und mein Gewissen, die Rechte und Freiheiten des Volkes und der Bürger zu achten, die Verfassung und verfassungsmäßigen Gesetze streng zu befolgen und die Pflichten meines Amtes getreu zu erfüllen!"

(Aus der Staats-Verfassung des Kantons Bern, 1893) 19HE90

Winkeldruckerey,

werden solche Druckereyen genannt, die man auf Dörfern, Flecken, oder andern freyen Orten anlegt, wo man ohne Censur die Buchdruckerkunst zu allerhand unerlaubten Schriften mißbrauchet. Es ist aber solches ausdrücklich verbothen von Ihro Römisch-Kaiserl. Majestät Maximilian II. und Rudolphen II. in den Reichsabschieden vom Jahr 1570. zu Speyer, und 1577. zu Frankfurth, ingleichen von Herzog Augusten zu Sachsen vom 26. May 1571., in welchem Rescript Wittenberg, Leipzig und Dresden alleine verstattet wird Druckereyen anzulegen. 19HE90

19. Oktober 1905

Das Schiff bis zum Erlaubten vollgeladen, die ganzen Kajüten und das ganze Deck voll Passagiere, dampfen wir nach Alexandrien. Ist 12 Tage her. Von den Passagieren ist die hübsche, junge Frau des Postdirektors in Konstantinopel eine Wienerin, mit der ich mich recht gut unterhalte. Einige Levantinerinnen, in allen möglichen Sprachen plaudernd, mich mit ihrem Schmuck und prächtigen Toiletten wie alle Levantinerinnen an Varietédamen erinnernd – lauter Gesindel, wo die Frauen dem Herrgott den lieben Tag, die Männer den Türken das Geld im Handel abstehlen. Auch Old England ist mit einer Anzahl von Vertretern erschienen – und seitdem muß man überall, bevor man sich niedersetzt, die Sessel abputzen, denn deren Schuhe und weißkarierten Strümpfe erscheinen sicher auf jedem Sessel, wenn nicht gar auf dem Tische, was auch häufig vorkommt. Gentlemanlike. Auch zwei deutsche Diakonissinnen sind an Bord, die als Krankenpflegerinnen in das Innere nach Damaskus gehen und mit „nicht eingestandenem" Bangen der Zukunft entgegen sehen – sonst aber froh sind, einen so netten Doktor am Schiffe gefunden zu haben.

19JE90

Aus dem Tagebuch des Schiffsarztes Dr. Fritz Hellauer (geringfügig gekürzt)

Hermann Löns: Der Porst

An der Quelle, die am Fuße der hohen Geest aus dem anmoorigen Boden springt, steht ein brauner, blattloser Strauch, über und über mit goldig schimmernden Blütenkätzchen bedeckt.

Ein Porstbusch ist es. Schon im Spätsommer, als er noch im vollen Laube stand, hatte er seine Blüten halb fertig; im Herbst und Winter vollendete er sie, und dann stand er da und wartete auf seinen Frühling. Lange hatte er warten müssen. Die Kolkraben kreisten laut rufend über der Wohld, die Birkhähne bliesen und trommelten auf den Wiesen, Hasel und Erle blühten auf und blühten ab; doch erst als der Kranich im Moor in die Trompete stieß und die Birke sich rührte, durfte der braune Busch seinen tausend Knospen den Willen lassen, und nun steht er da, umgeben von goldenem Schein und atmet einen strengen und starken Duft aus, der sich mit dem Hauche des jungen Birkenlaubes und dem Kiengeruche der sprossenden Kiefern vermischt.

Alle die anderen Porstbüsche, die zwischen den Rinnsalen, die aus der Geest quellen, stehen, hier einzeln und hoch, von Birken, Weiden, Fichten und Erlen bedrängt und von gewaltigen Wacholdern und hohen Stechpalmen, dort niedriger und in Scharen vereinigt, durchrauscht von silbern aufblühendem Wollgrase und lustig sprießendem Riede, haben ebenfalls ihre Kätzchen erschlossen. Wenn sie aber auch noch so sehr prahlen und gränken, zur Alleinherrschaft kommen sie hier doch nicht. denn das Bergmilzkraut ist noch da, das mit halbblühenden Rasen die Wässerchen umflicht, stolze Dotterblumen protzen aus saftigem Laub hervor, die Weidenbüsche leuchten von oben bis unten vor Blütenpracht, und das junge Laub der Birken, vermengt mit zierlichen Troddelchen, schimmert und flimmert im Morgensonnenlichte.

Einst, als der Wolf hier noch das Hirschkalb hetzte, bei Tage der Adler das große Wort hatte und bei Nacht der Uhu, herrschte der Porst unumschränkt von der Geest bis an die Aller. Aber die Bauern brannten ihn nieder, rodeten ihn aus, schlugen Pfähle ein, zogen Drähte, trieben das Vieh in die Gatter, kalkten das Land, und nun sind Wiesen und Weiden da, wo ehemals nichts war als Porst und Porst und immer wieder nur Porst und hier und da eine Eiche, ein Wacholder, ein Stechpalmenbusch. Nur an den Seiten der Wiesen und an einigen Gräben hat er sich noch halten können und zieht braune, goldig leuchtende Streifen durch die grünen, vom Schaumkraut bläulichweiß überhauchten Flächen. Hinter den Wiesen aber, in der großen Senke, die von zwei flinken Bächen und einem faulen Flüßchen überreich mit Wasser versorgt wird, hat der Porst noch die Obergewalt. Es fehlt dort anfangs nicht an Bäumen und Sträuchern, knorrigen Eichen, schlanken Birken, stolzen Fichten und krausen Kiefern; aber jetzt, wo der Porst in Blüte steht, kommen sie nicht zur Geltung, denn die ganze weite, breite, nur hier und da von einer Krüppelkiefer, einem Ellernhorste, einem Weidenbüsche unterbrochene Fläche ist ausgefüllt von ihm, ist ein einziges goldenes, glühendes, loderndes Gefilde, erfüllt von tausendfältigem Leben.

Dumpf murren in den Tümpeln die Moorfrösche, hell locken im Riede die Grasschnepfen, wehleidig klagend taumeln die Kiebitze dahin, und mit jauchzendem Schrei kreist der Bussard unter den Wolken. Auf dem grauen Wacholdergezweige sitzt der Raubwürger, schrill rufend, helle Weihen werfen sich mit gellendem Kickern aus der Luft, der Brachvogel steigt empor und läßt seinen wehmütigen Triller weithin schallen, Kuckuck und Wiedehopf läuten, die Turteltauben schnurren, und viele kleine und feine Stimmen erklingen, ab und zu übertönt von den herri-schen Fanfaren des Kranichs oder von dem dröhnenden Basse des Reh-bockes, der von einem Menschen Wind bekommen hat und nun durch den Porst flüchtet, daß der Blütenstaub hinter ihm herwirbelt und die graue Glockenheide, die braune Sandheide, das grüne Ried und das sil-berne Wollgras mit dichtem gelben Puder verhüllt.

Heute herrscht der Porst hier noch und morgen und übermorgen. Um das düstere Elsengebüsch frohlockt er und jauchzt aus dem modrigen Birkenwalde heraus. Aber die Sonne, die ihm nach langem Warten die Schönheit brachte, wird sie ihm bald nehmen, der Wind streift ihm den goldenen Staub aus den Kätzchen, der Regen gibt ihm den Rest. Mit verdorrten, fahlen Blüten wird er dann dastehen; niemand wird nach ihm hinsehen, wenn er sich mit jungem Laube schmückt, und je voller er sich beblättert, um so unsichtbarer wird er und verschwindet zwischen

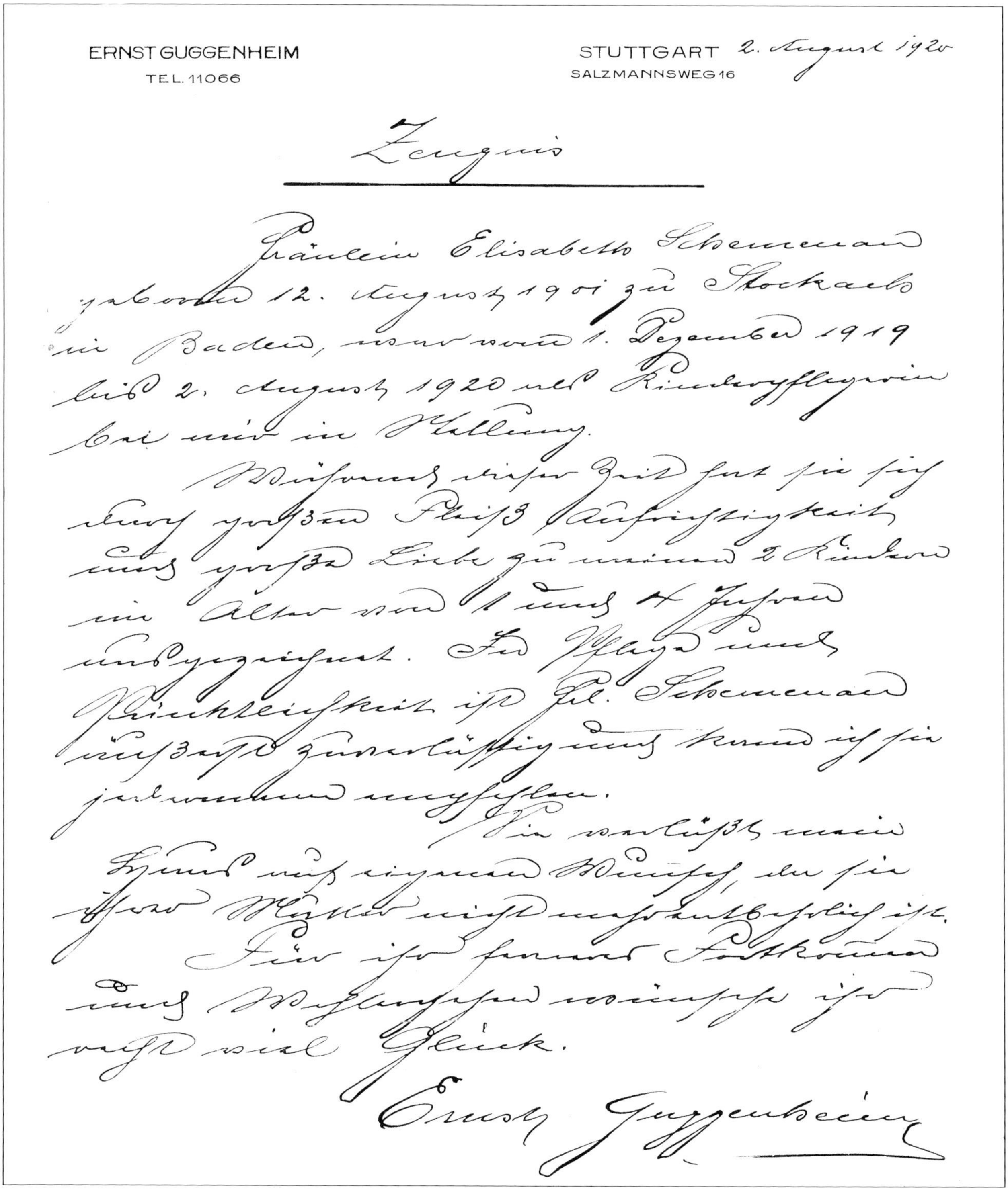

ERNST GUGGENHEIM
TEL. 11066

STUTTGART 2. August 1920
SALZMANNSWEG 16

Zeugnis

Fräulein Elisabeth Schumann geboren 12. August 1901 zu Stockach in Baden, war vom 1. Dezember 1919 bis 2. August 1920 als Kinderpflegerin bei mir in Stellung.

Während dieser Zeit hat sie sich durch großen Fleiß, Aufrichtigkeit und große Liebe zu meinen 2 Kindern im Alter von 1 und 4 Jahren ausgezeichnet. In Pflege und Reinlichkeit ist Frl. Schumann äußerst zuverlässig und kann ich sie jedermann empfehlen.

Sie verläßt mein Haus auf eigenen Wunsch, da sie ihrer Mutter nicht entbehrlich ist.

Für ihr ferneres Fortkommen und Wohlergehen wünsche ich recht viel Glück.

Ernst Guggenheim

Sammlung Neu

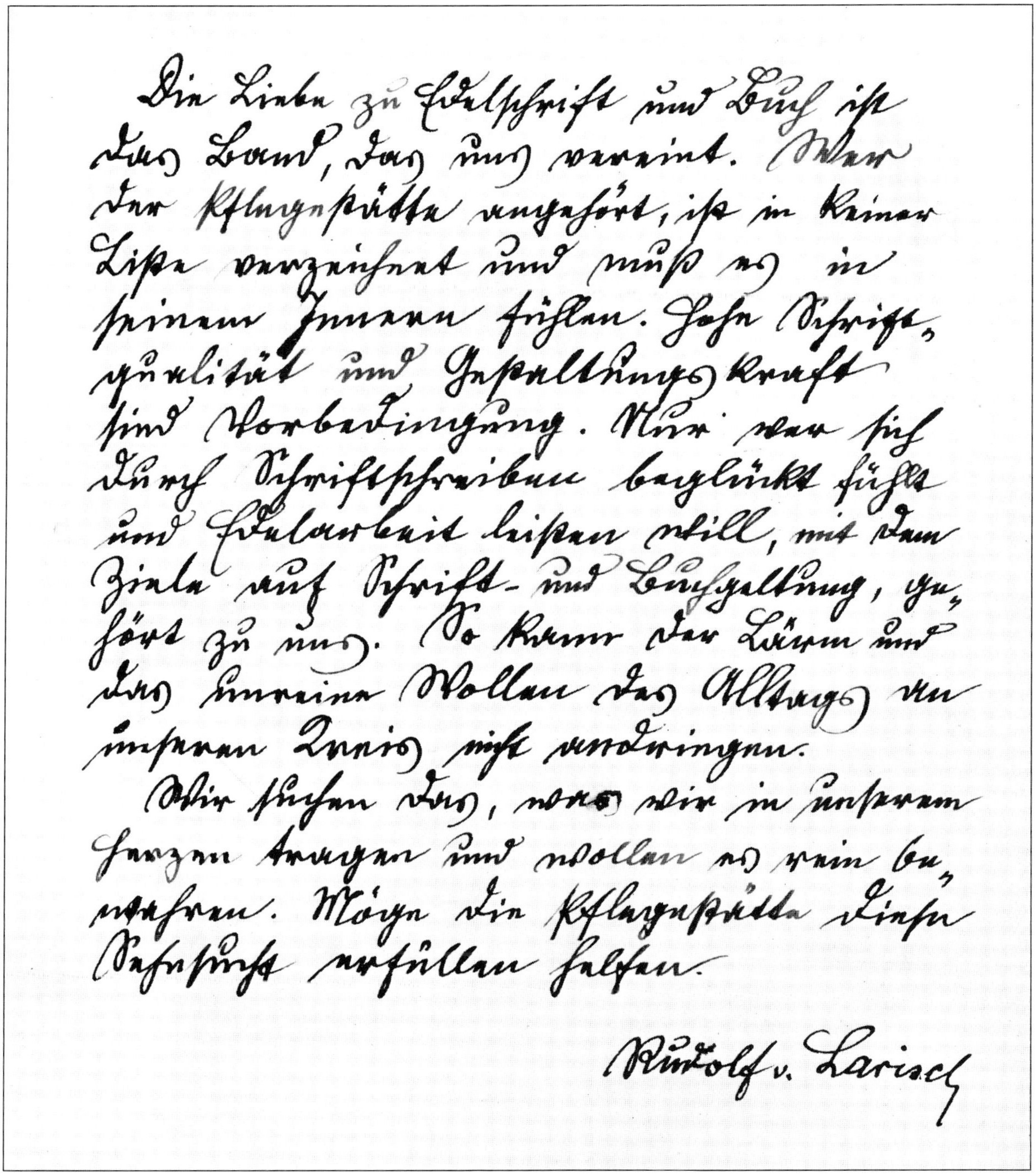

Die Liebe zu Edelschrift und Buch ist
das Band, das uns vereint. Wer
der Pflegestätte angehört, ist in keiner
Liste verzeichnet und muß es in
seinem Innern fühlen. Hohe Schrift-
qualität und Gestaltungskraft
sind Vorbedingung. Nur wer sich
durch Schriftschreiben beglückt fühlt
und Edelarbeit leisten will, mit dem
Ziele auf Schrift- und Buchgestaltung, ge-
hört zu uns. So kann der Lärm und
das unreine Wollen des Alltags uns
unseren Kreis nicht verdrängen.
Wir suchen das, was wir in unserem
Herzen tragen und wollen es rein be-
wahren. Möge die Pflegestätte diese
Sehnsucht erfüllen helfen.

Rudolf v. Larisch

Aussage von Rudolf von Larisch über seine Pflegestätte der Schrift- und Buchgestaltung

Handschrift von Rudolf von Larisch
Rudolf von Larisch und die Entwicklung neuer deutscher Schreibkunst
5. Band der Monographien künstlerischer Schrift
Verlag Heintze & Blanckertz, Berlin-Leipzig 1938

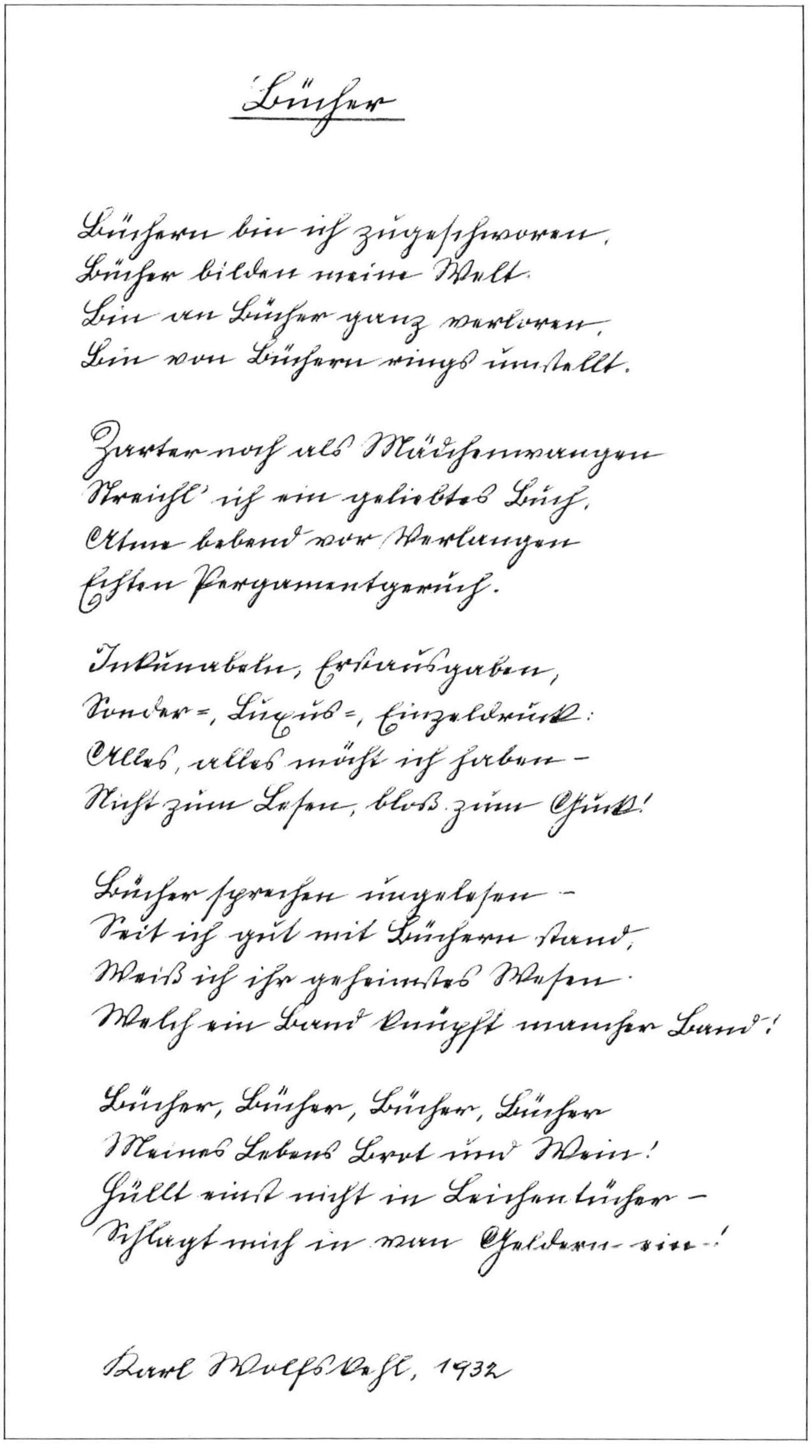

Bücher

Büchern bin ich zugeschworen,
Bücher bilden meine Welt.
Bin an Bücher ganz verloren,
Bin von Büchern rings umstellt.

Zarter noch als Mädchenwangen
Streichl' ich ein geliebtes Buch,
Atme bebend vor Verlangen
Echten Pergamentgeruch.

Inkunabeln, Erstausgaben,
Sonder=, Luxus=, Einzeldruck:
Alles, alles möcht ich haben –
Nicht zum Lesen, bloß zum Schmuck!

Bücher sprechen ungelesen –
Seit ich gut mit Büchern stand,
Weiß ich ihr geheimstes Wesen.
Welch ein Band knüpft mancher Band!

Bücher, Bücher, Bücher, Bücher
Meines Lebens Brot und Wein!
Hüllt einst nicht in Leichentücher –
Schlagt mich in was Goldnes ein!

Karl Wolfskehl, 1932

„Bücher“, Gedicht von Karl Wolfskehl (1869–1948), 1932. Geschrieben von Georg Hawranek (Jahrgang 1897) im Jahr 1990. Sammlung Süß

SÜDDEUTSCHE
DISCONTO-GESELLSCHAFT A.-G.

Telegramm-Adresse:
LADISCO, HEIDELBERG.

Fernsprech-Anschluss No. 311 u. 328.

Postscheck-Conto No. 762
Amt Karlsruhe.

SEKRETARIAT.

Heidelberg, den 5. September 1913

Herrn Fr. Methlow

Heidelberg

Streng vertraulich.

Unsere Centraldirection hat soeben telefonisch bei uns angefragt, ob die Bürgschaftsurkunden in unseren Besitz gekommen sind. Leider mussten wir die Anfrage verneinen. Wir bitten Sie dringend, uns heute noch wenigstens die Bürgschaft Ihrer Frau Mutter zukommen zu lassen, die Bürgschaft des Herrn Neu hoffen wir morgen von Ihnen zu erhalten. Herr Director Dr. Hesse wird in den nächsten Tagen wiederholt in Ihrer Angelegenheit hierherkommen und möchte bei dieser Gelegenheit in unserem Büro einen Einblick in Ihre Inventurbücher nehmen. Wir werden Sie vor dem Hierherkommen des Herrn Director Dr. Hesse bitten, uns einige dieser Bücher zuzustellen. Wir hoffen, dass Sie schon in der nächsten Zeit Gelegenheit haben, grössere Warenbestände abzustossen und sehen Ihren Entschliessungen entgegen. Hoffentlich ist es Ihnen möglich, die Verhandlungen mit der Firma Emden zu einem guten Ende zu führen. In einem Verkauf Ihres Geschäftes sehen wir für Sie selbst und für die übrigen Beteiligten unbedingt die beste Lösung.

Hochachtungsvoll

[illegible] [illegible]

Geschäftsbrief an Friedrich Methlow, Einmahnung von Bürgschaftsurkunden

Verkleinerung des Originals auf 72 %

Sammlung Neu

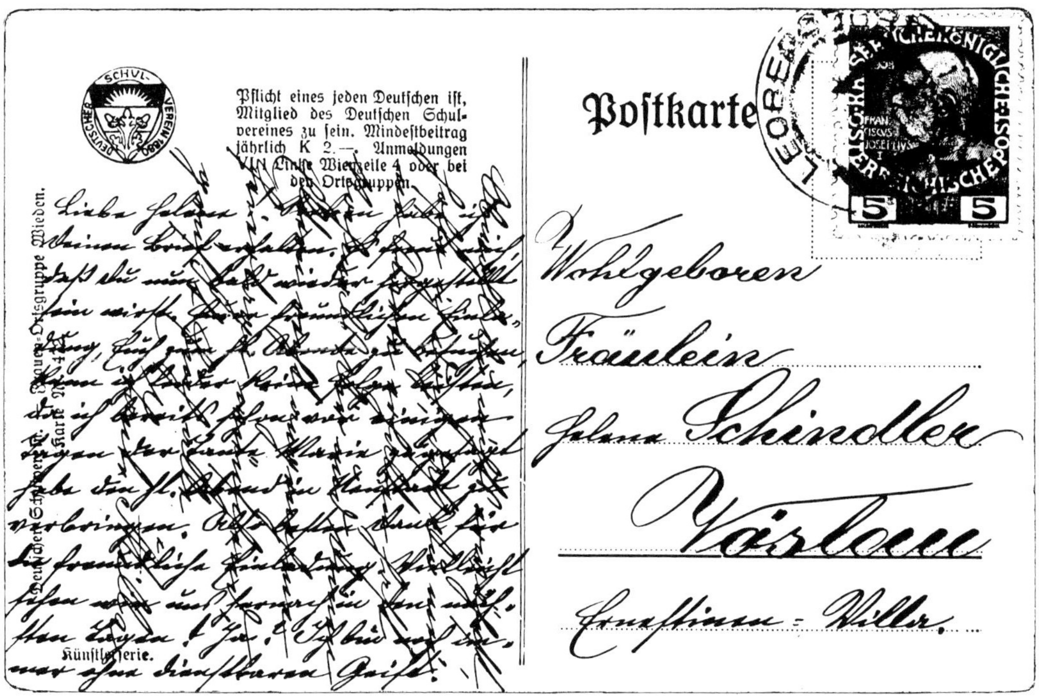

Sammlung Kaser

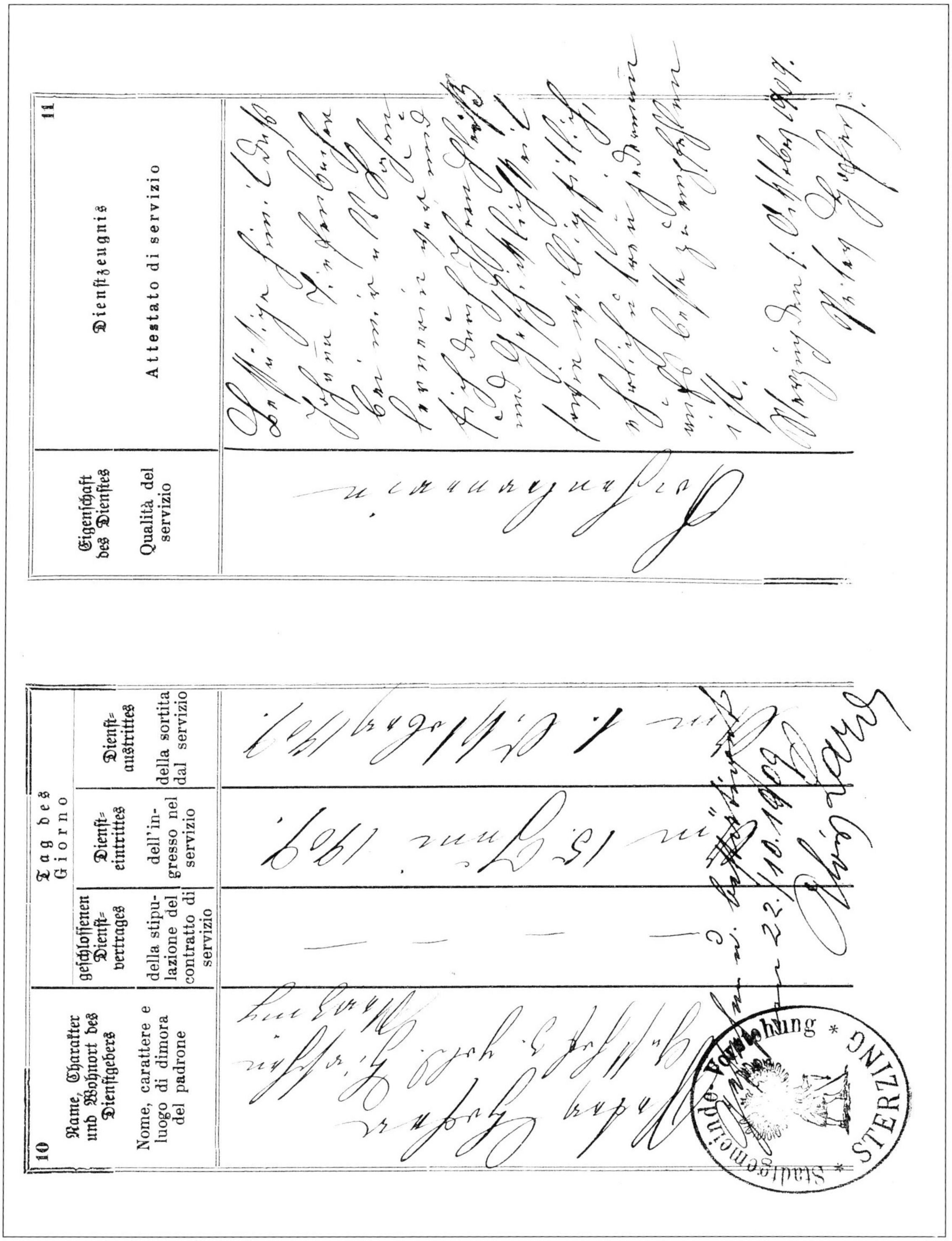

10 Name, Charakter und Wohnort des Dienstgebers / Nome, carattere e luogo di dimora del padrone	Tag des / Giorno: geschlossenen Dienstvertrages / della stipulazione del contratto di servizio	Dienst-eintrittes / dell'ingresso nel servizio	Dienst-austrittes / della sortita dal servizio

Eigenschaft des Dienstes / Qualità del servizio	11 Dienstzeugnis / Attestato di servizio

Stadtgemeinde-Vorstehung * STERZING *

Dienstzeugnis der Johanna Tiefenbacher, 1909 als Köchin in Sterzing in Ausbildung

Sammlung Süß

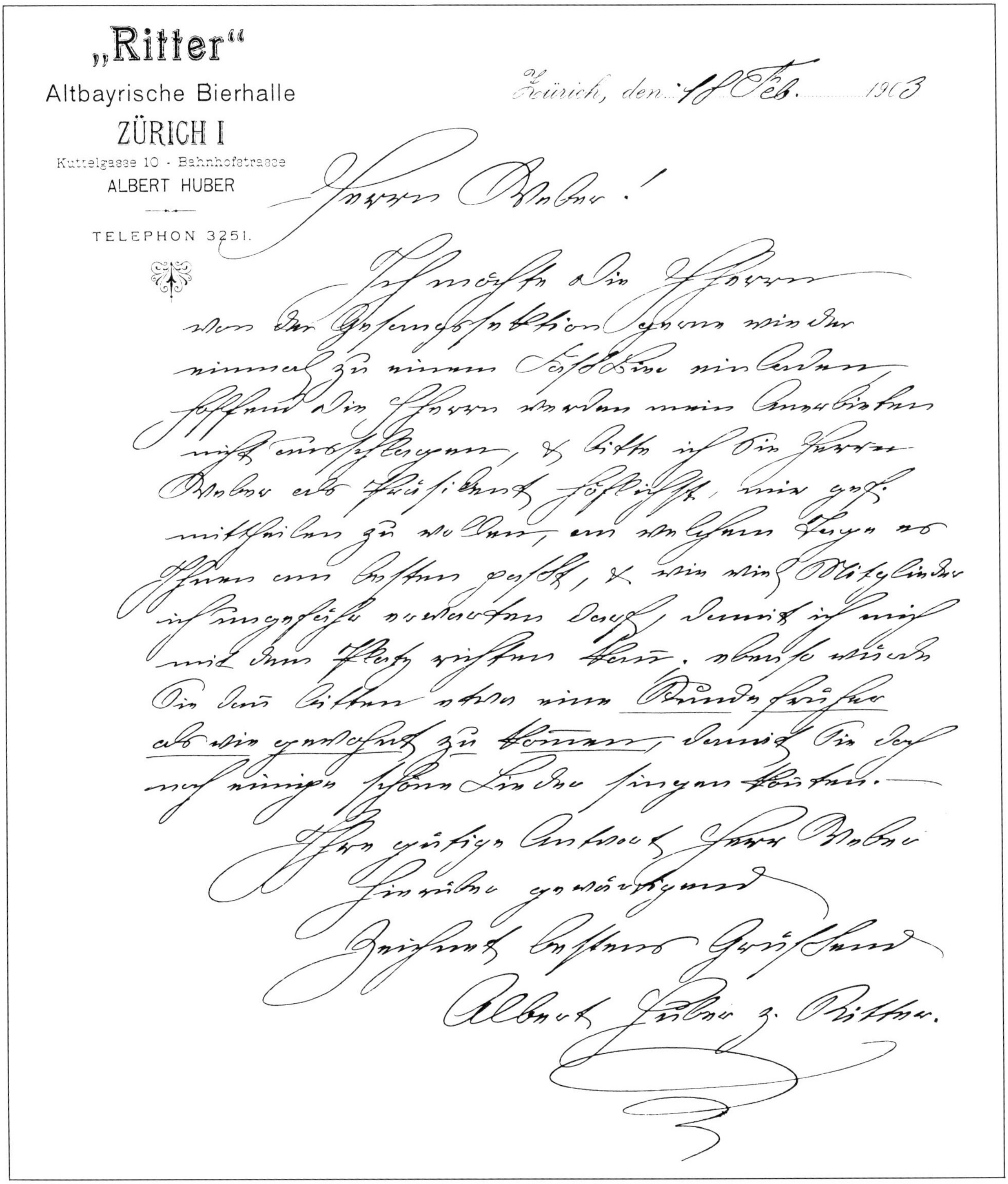

Brief des Inhabers der Bierhalle Ritter an den Präsidenten eines Gesangvereins

Verkleinerung des Originals auf 77 %

Sammlung Kanobel

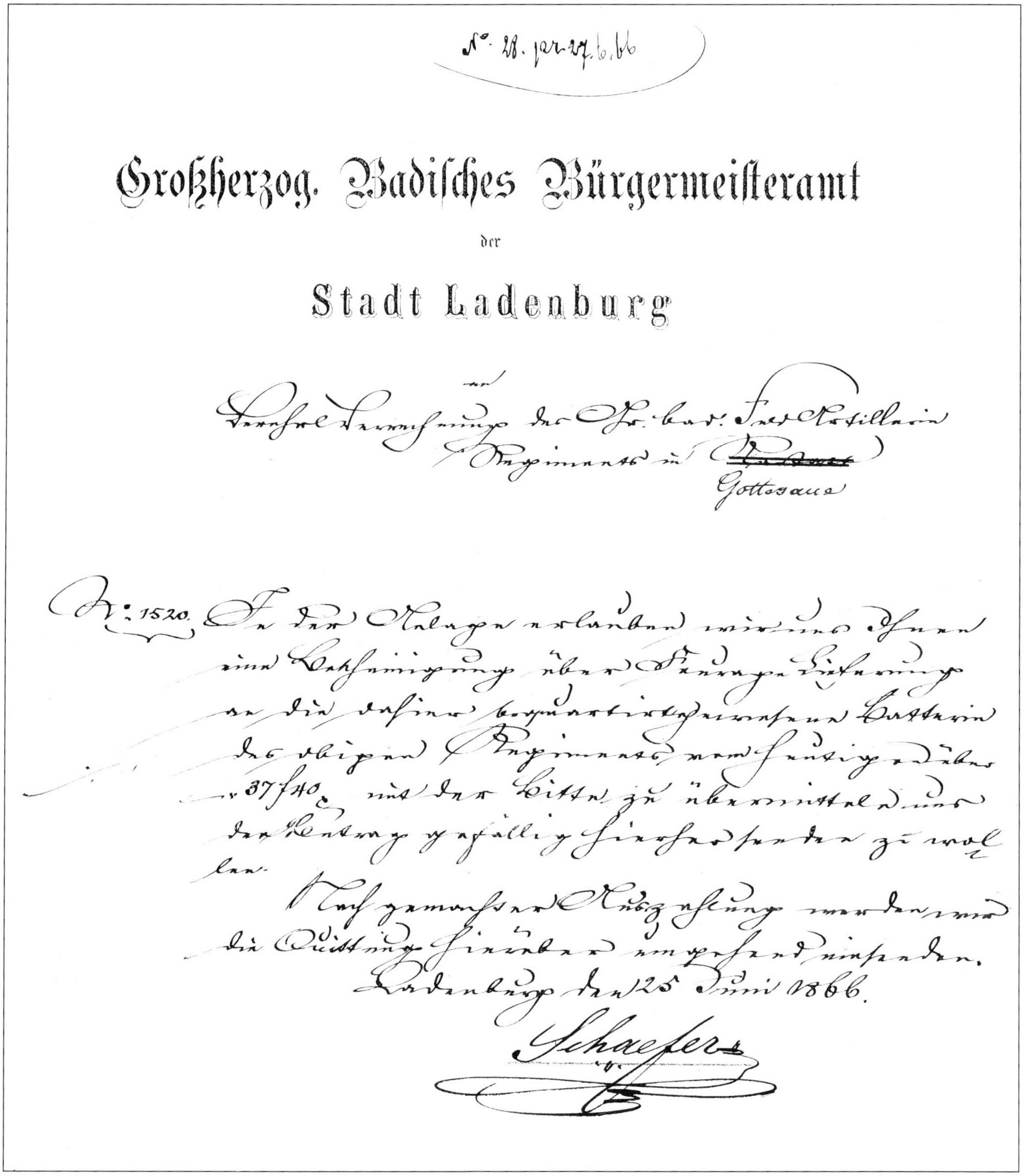
No. 28. pr. 27.6.66

Großherzog. Badisches Bürgermeisteramt

der

Stadt Ladenburg

an

Verehrl. Commando des Gr. bad. Feldartillerie Regiments in ~~Rastatt~~ Gottsaue

No 1520. In der Anlage erlauben wir uns Ihnen eine Bescheinigung über Fouragelieferung an die dahier einquartiert gewesene Batterie des obigen Regiments vom heutigen über fl 37 40 kr mit der Bitte zu übermitteln, um den Betrag gefällig hierher senden zu wollen.

Nach gemachter Anzeigung werden wir die Quittung hierüber umgehend einsenden.

Ladenburg den 25. Juni 1866.

Schaefer

Begleitschreiben der Rechnung für Fourage an das Großherzoglich-badische Feldartillerieregiment vom 25. Juni 1866

Verkleinerung des Originals auf 83 %

Sammlung Neu

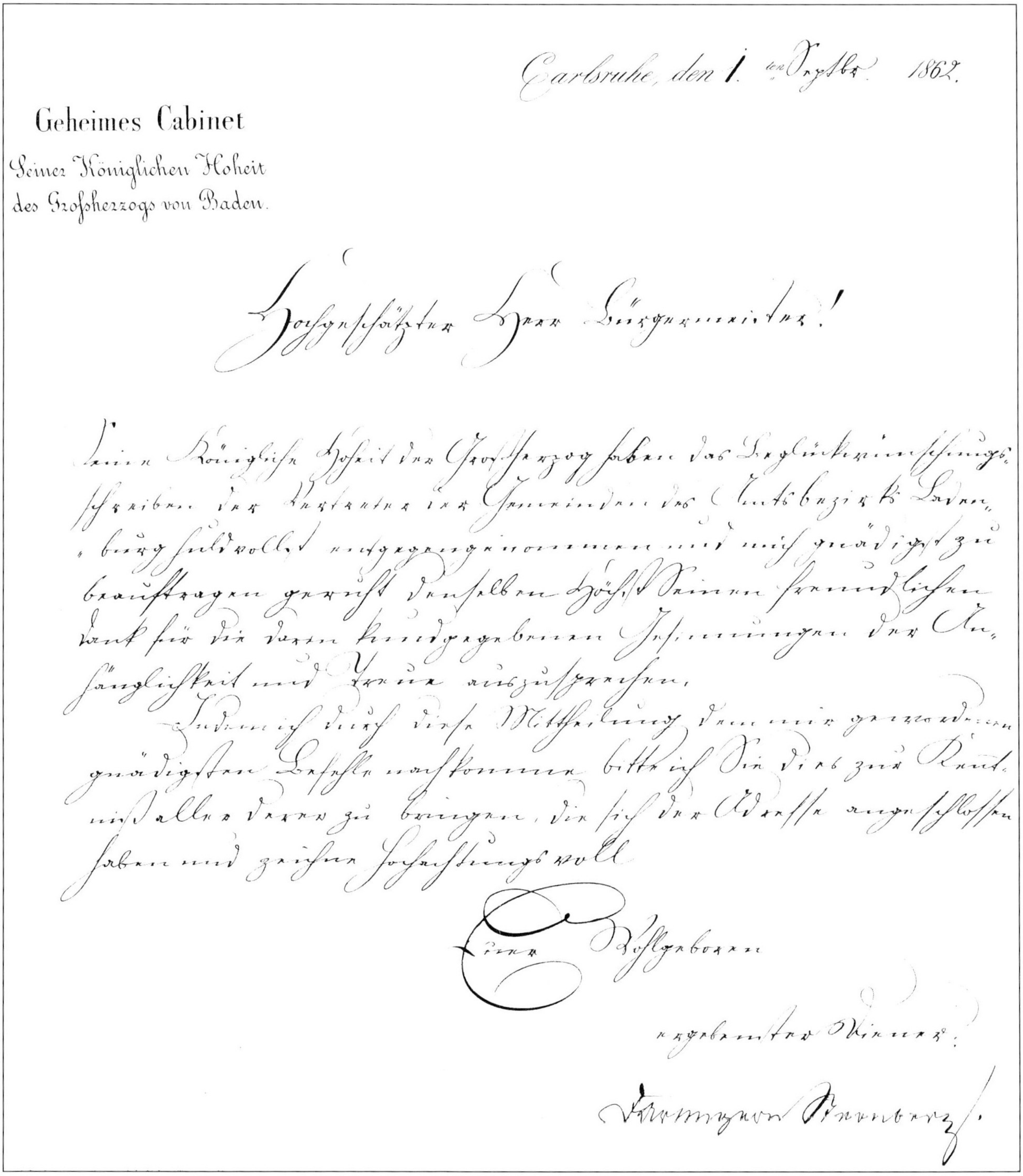

Carlsruhe, den 1. ten Octbr. 1862.

Geheimes Cabinet
Seiner Königlichen Hoheit
des Großherzogs von Baden.

Hochgeschätzter Herr Bürgermeister!

Seine Königliche Hoheit der Großherzog haben das Beglückwünschungsschreiben der Vertreter der Gemeinden des Amtsbezirks Ladenburg huldvollst entgegengenommen und mich gnädigst zu beauftragen geruht denselben Höchst Ihren freundlichen Dank für die darin kundgegebenen Gesinnungen der Anhänglichkeit und Treue auszusprechen.

Indem ich durch diese Mittheilung dem mir gewordenen gnädigsten Befehle nachkomme bitte ich Sie dies zur Kenntniß aller derer zu bringen, die sich der Adresse angeschlossen haben und zeichne hochachtungsvoll

Euer Wohlgeboren

ergebenster Diener:

[illegible]

Schreiben der Kanzlei des Großherzogs von Baden an den Bürgermeister von Ladenburg

Verkleinerung des Originals auf 84 %

Sammlung Neu

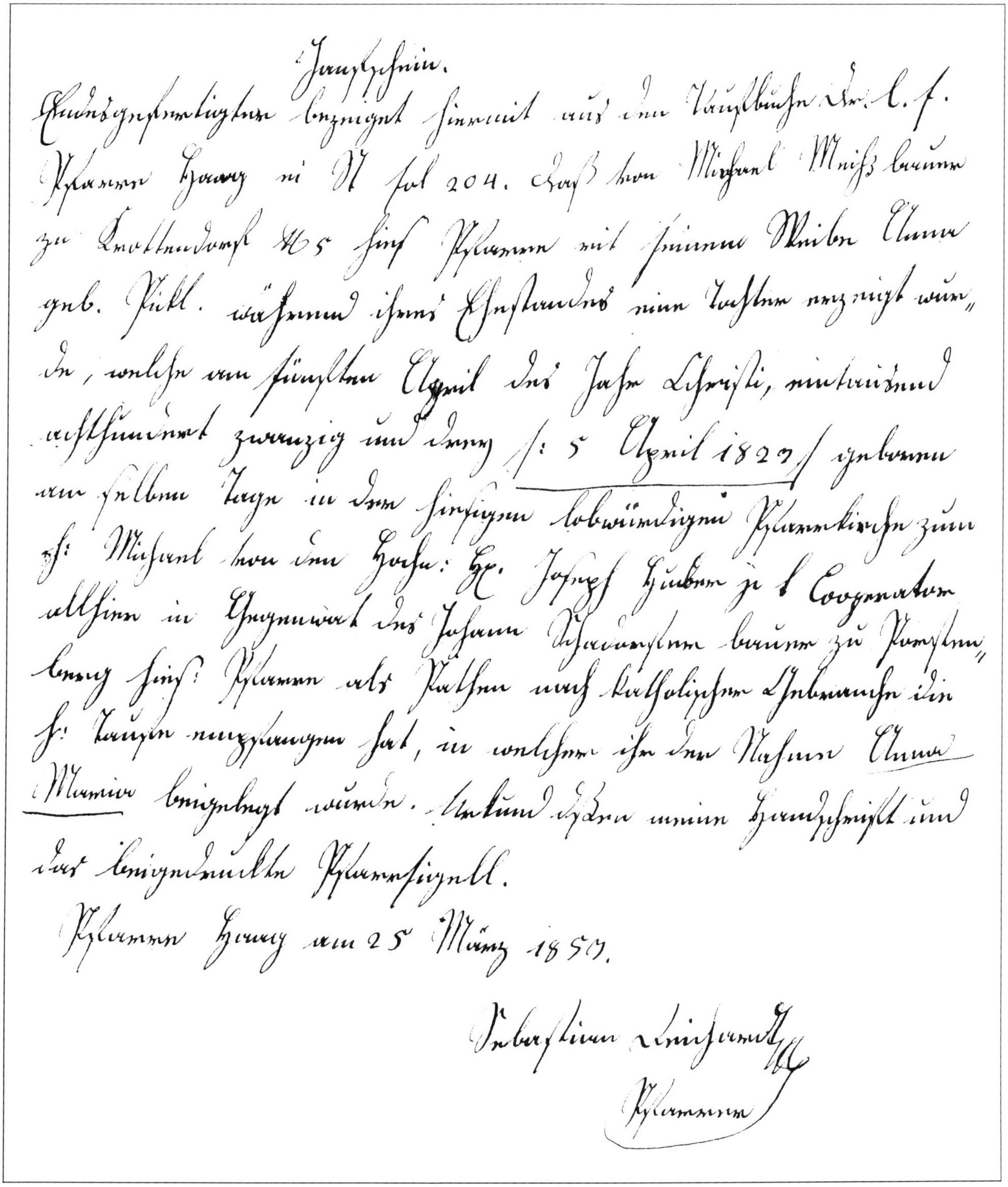

Taufschein.
Unterzeichneter bezeuget hiemit aus dem Taufbuche Tom. I. f. Pfarre Haag in N fol 204. daß von Michael Meiß bauer zu Leitendorf N 5 hies. Pfarre mit seinem Weibe Anna geb. Füll. während ihres Ehestandes eine Tochter erzeuget wurde, welche am fünften April des Jahr Christi, eintausend achthundert zwanzig und drey (: 5 April 1823 :) geboren am selben Tage in der hiesigen lobwürdigen Pfarrkirche zum H: Michael von dem Hochw: H. Joseph Huber p. t. Cooperator allhier in Gegenwart des Johann Schauenstein bauer zu Senftenberg hies: Pfarre als Pathen nach katholischem Gebrauche die H: Taufe empfangen hat, in welcher ihr der Nahme Anna Maria beigelegt wurde. Urkund dessen meine Handschrift und das beigedruckte Pfarrsiegel.
Pfarre Haag am 25 März 1853.

Sebastian Reichardt
Pfarrer

Abschrift des Taufscheins der Anna Maria Meiß, geb. 1823, aus dem Jahre 1853

Verkleinerung des Originals auf 97 %

Sammlung Kaser

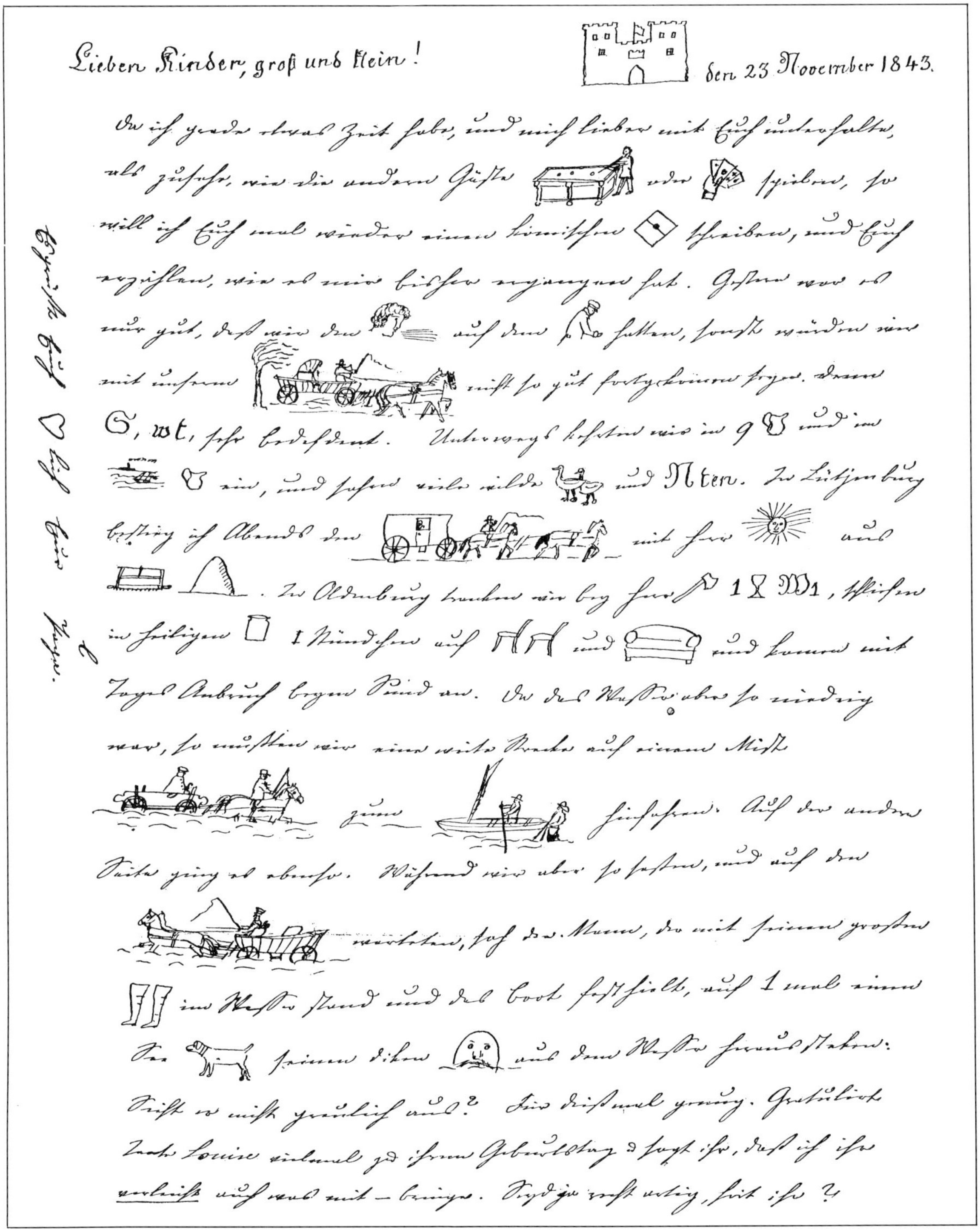
Lieben Kinder, groß und klein!

den 23 November 1843.

Brief des Kaufmanns Klemm an seine Kinder von einer Geschäftsreise nach der Insel Fehmarn, 23. 11. 1843

Fritz Klemm:
„Lütt Marieken ehr Köh"
Paul Hartung Verlag, Hamburg 1962
Verkleinerung des Originals auf 70%

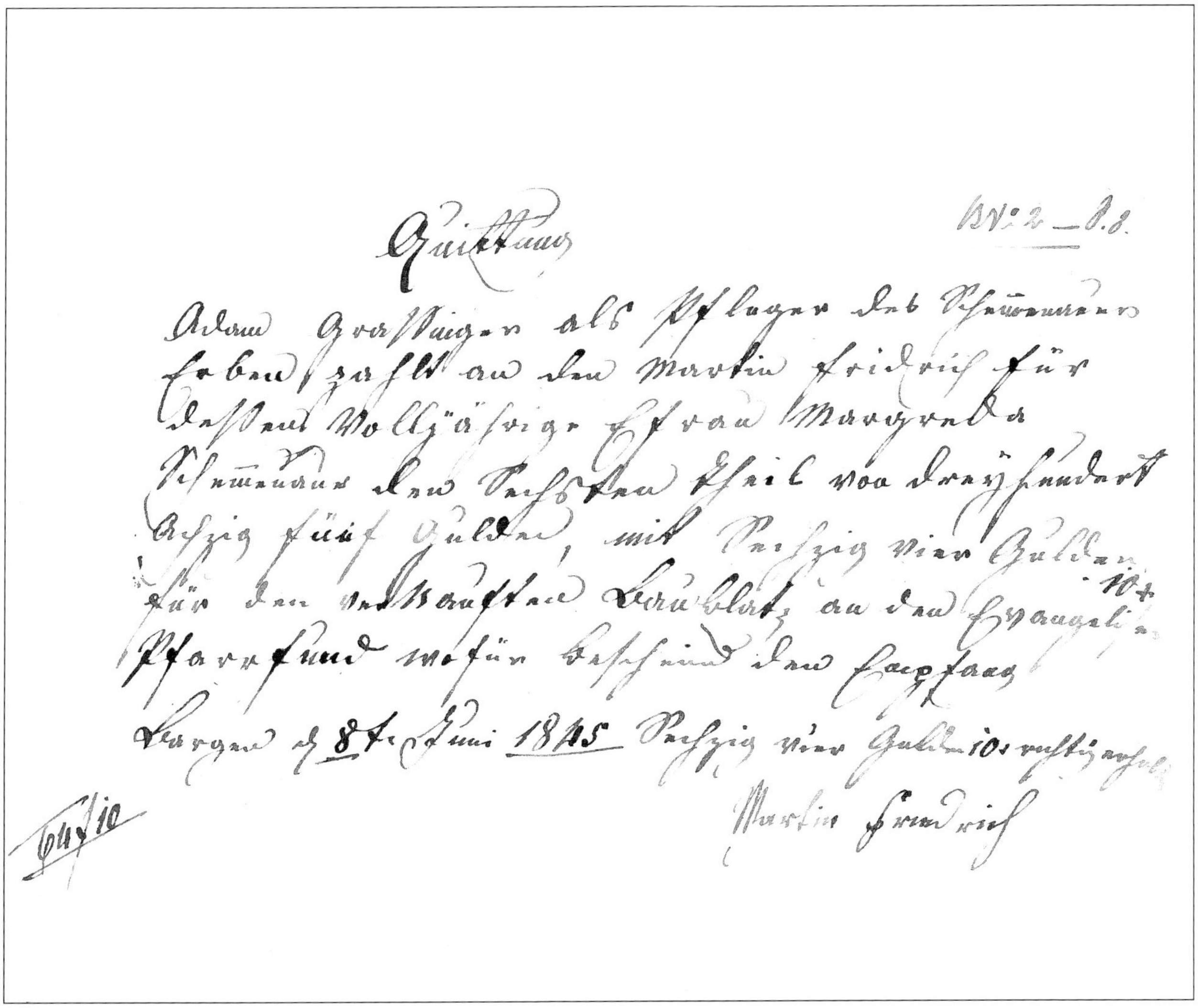
Quittung

Nro 2 – 8.8.

Adam Grassinger als Pfleger des Schwemmers
Erben zahlt an den Martin Friedrich für
dessen volljährige Ehefrau Margaretha
Schwemmer den sechsten Theil von dreihundert
achtzig fünf Gulden, mit sechzig vier Gulden
für den verkauften Bauplatz an den Evangelischen 10 xr
Pfarrfund wofür bescheint den Empfang
Bergen d 8t. Juni 1845 Sechzig vier Gulden 10 xr richtig erhalten
Martin Friedrich

64 f 10

Quittung des Martin Friedrich für eine von Adam Grassinger geleistete Zahlung, 8. Juni 1845

Verkleinerung des Originals auf 78 %

Sammlung Neu

Dienstzeugnis für den Lehrling Peter Schäfer, 01. 11. 1826 Verkleinerung des Originals auf 81 % Sammlung Neu

Von Gottes Gnaden Wir Maximilian Joseph in Ober- und Niederbayern auch der obern Pfalz Herzog, Pfalzgraf bey Rhein, des Heil. Röm. Reichs Erz-Truchseß und Churfürst, Landgraf zu Leuchtenberg etc. etc.

Urkunde zur Errichtung eines Lehrstuhls der deutschen Sprach- und Redekunst an der Akademie der Wissenschaften, datiert 1765

Die deutsche Schrift, Heft 3/1987

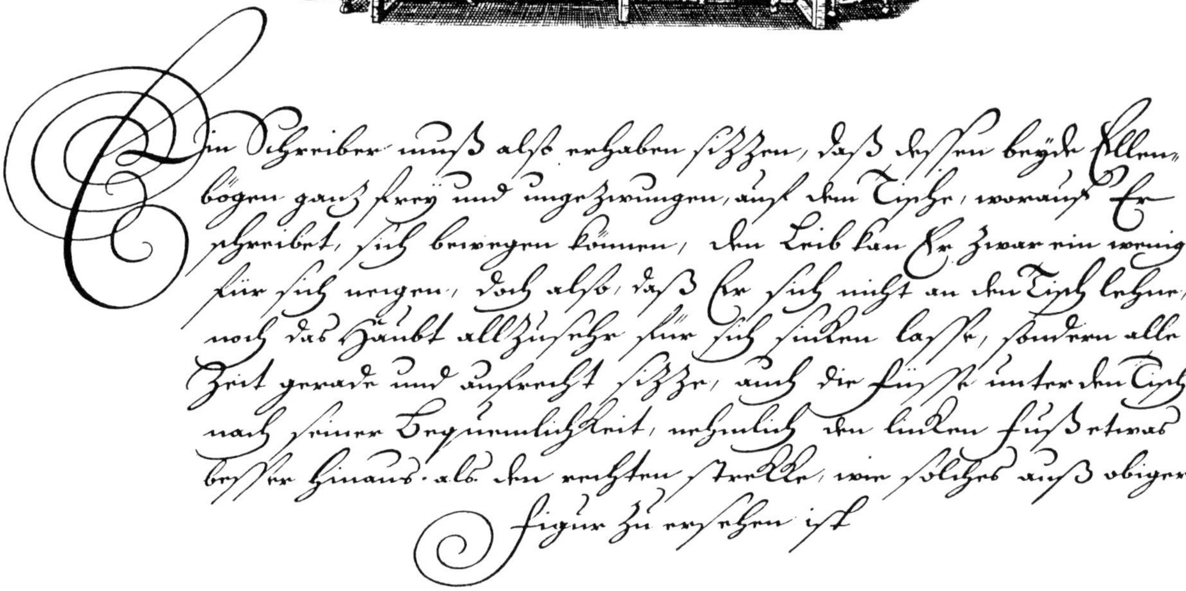

Ein Schreiber muss also erhaben sitzen, dass dessen beyde Ellenbogen ganz frey und ungezwungen, auf den Tisch, worauf er schreibet, sich bewegen können, den Leib kan Er zwar ein wenig für sich neigen, doch also, dass Er sich nicht an den Tisch lehne, noch das Haubt allzusehr für sich sinken lasse, sondern alle Zeit gerade und aufrecht sitze, auch die Füsse unter den Tisch nach seiner Bequemlichkeit, ehnlich den linken Fuss etwas besser hinaus als den rechten stelle, wie solches aus obiger Figur zu ersehen ist

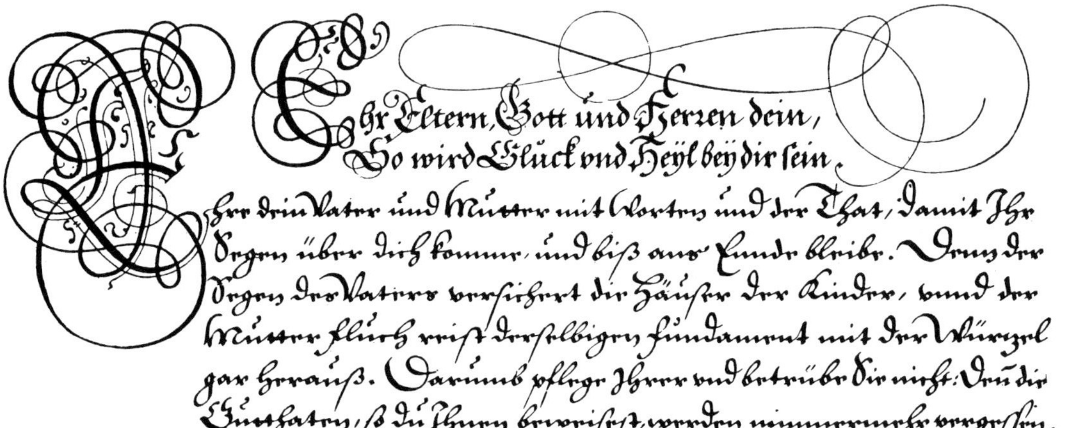

Ehr Eltern, Gott und Herzen dein,
So wird Glück und Heyl bey dir sein.

Ehr dein Vater und Mutter mit Worten und der That, damit Ihr Segen über dich komme und biss ans Ende bleibe. Denn der Segen des Vaters versichert die Häuser der Kinder, und der Mutter fluch reist derselbigen fundament mit der Wurzel gar heraus. Darumb pflege Ihrer und betrübe Sie nicht: denn die Gutthaten, so du Ihnen beweisest, werden nimmermehr vergessen.

oben: Handschrift des Heinrich G. Paricius, Regensburgische Schreiberschule 1710

unten: Handschrift des Schreibmeisters A. Möller, Lübeck 1643

Die zeitgemäße Schrift, Studienhefte für Schrift und Formgestaltung
Verlag Heintze und Blanckertz, Berlin–Leipzig 1927–1943

Übertragungen

Rezept für das Vanillebrod (geschriebener Text S. 22.)

350 Gramm Zucker mit vier Eigelb u. zwei ganzen Eiern recht schaumig gerührt, eine halbe Stange Vanille mit etwas Zucker fein gestoßen u. durch ein Sieb passirt, zuletzt 350 Gram̄ Mehl dazu gethan. Von der Masse kleine Häufchen auf ein Blech gesetzt, u. in mäßiger Hitze gebacken.

Eidesformel aus § 113 (geschriebener Text S. 22)

„Ich gelobe und schwöre: Die Rechte und Freiheiten des Volkes und der Bürger zu achten, die Verfassung und verfassungsmäßigen Gesetze streng zu befolgen und die Pflichten meines Amtes getreu und gewissenhaft zu erfüllen, so wahr mir Gott helfe!"

Diejenigen Personen, denen ihre Überzeugung die Leistung eines Eides nicht gestattet, können an dessen Stelle folgendes Amtsgelübde ablegen.

„Ich gelobe auf meine Ehre und mein Gewissen, die Rechte und Freiheiten des Volkes und der Bürger zu achten, die Verfassung und verfassungsmäßigen Gesetze streng zu befolgen und die Pflichten meines Amtes getreu zu erfüllen!"
(Aus der Staats-Verfassung des Kantons Bern, 1893)

Winckeldruckerey, (geschriebener Text S. 23)

werden solche Druckereyen genennet, die man auf Dörfern, Flecken, oder andern freyen Örtern anleget, wo man ohne Censur die Buchdruckerkunst zu allerhand unerlaubten Schriften mißbrauchet. Es ist aber solches ausdrücklich verbothen von Ihro Roemisch-Kaiserl. Majestät Maximilian II. und Rudolphen II. in den Reichsabschieden vom Jahr 1570 zu Speyer, und 1577 zu Franckfurth, ingleichen von Hertzog Augusten zu Sachsen vom 26. May 1571, in welchem Rescript Wittenberg, Leipzig und Dresden alleine verstattet wird Druckereyen anzulegen.

19. Oktober 1905 (geschriebener Text S. 24)

Das Schiff bis zum Erlaubten vollgeladen, die ganzen Kajüten und das ganze Deck voll Passagiere, dampfen wir nach Alexandrien. Ist 12 Tage hin. Von den Passagieren ist die hübsche, junge Frau des Postdirektors in Konstantinopel eine Wienerin, mit der ich mich recht gut unterhalte. Einige Levantinerinnen, in allen möglichen Sprachen plaudernd, mich mit ihrem Schmuck und prächtigen Toiletten wie alle Levantinerinnen an Varietedamen erinnernd = lauter Gesindel, wo die Frauen dem Herrgott den lieben Tag, die Männer den Türken das Geld im Handel abstehlen. Auch Old England ist mit einer Anzahl von Vertretern erschienen = und seitdem muß man überall, bevor man sich niedersetzt, die Sessel abputzen, denn deren Schuhe und weißkarierten Strümpfe erscheinen sicher auf jedem Sessel, wenn nicht gar auf dem Tische, was auch häufig vorkommt. Gentlemanlike. Auch zwei deutsche Diakonissiñen sind an Bord, die als Krankenpflegerinnen in das Innere nach Damaskus gehen und mit „nicht eingestandenem" Bangen der Zukunft entgegen sehen = sonst aber froh sind, einen so netten Doktor am Schiffe gefunden zu haben.

Hermann Löns: Der Porst (geschriebener Text S. 25)

An der Quelle, die am Fuße der hohen Geest aus dem anmoorigen Boden springt, steht ein brauner, blattloser Strauch, über und über mit goldig schimmernden Blütenkätzchen bedeckt.
Ein Porstbusch ist es. Schon im Spätsommer, als er noch im vollen Laube stand, hatte er seine Blüten halb fertig; im Herbst und Winter vollendete er sie, und dann stand er da und wartete auf seinen Frühling. Lange hatte er warten müssen. Die Kolkraben kreisten laut rufend über der Wohld, die Birkhähne bliesen und trommelten auf den Wiesen, Hasel und Erle blühten auf und blühten ab; doch erst als der Kranich im Moor in die Trompete stieß und die Birke sich rührte, durfte der braune Busch seinen tausend Knospen den Willen lassen, und nun steht er da, umgeben von goldenem Schein und atmet einen strengen und starken Duft aus, der sich mit dem Hauche des jungen Birkenlaubes und dem Kiengeruche der sprossenden Kiefern vermischt.

Alle die anderen Porstbüsche, die zwischen den Rinnsalen, die aus der Geest quellen, stehen, hier einzeln und hoch, von Birken, Weiden, Eichen und Erlen bedrängt und von gewaltigen Wacholdern und hohen Stechpalmen, dort niedriger und in Scharen vereinigt, durchwuchert von silbern anblühendem Wollgrase und lustig sprießendem Riede, haben ebenfalls ihre Kätzchen erschlossen. Wenn sie aber auch noch so sehr prahlen und prunken, zur Alleinherrschaft kommen sie hier doch nicht. Denn das Bergmilzkraut ist noch da, das mit hellblühendem Rasen die Wässerchen umflicht, stolze Dotterblumen protzen aus saftigem Laub hervor, die Weidenbüsche leuchten von oben bis unten vor Blütenpracht, und das junge Laub der Birken, vermengt mit zierlichen Troddelchen, schimmert und flimmert im Morgensonnenlichte.

Einst, als der Wolf hier noch das Hirschkalb hetzte, bei Tage der Adler das große Wort hatte und bei Nacht der Uhu, herrschte der Porst unumschränkt von der Geest bis an die Aller. Aber die Bauern brannten ihn nieder, rodeten ihn aus, schlugen Pfähle ein, zogen Drähte, trieben das Vieh in die Gatter, kalkten das Land, und nun sind Wiesen und Weiden da, wo ehemals nichts war als Porst und Porst und immer wieder nur Porst und hier und da eine Eiche, ein Wacholder, ein Stechpalmenbusch. Nur an den Seiten der Wiesen und an einigen Gräben hat er sich noch halten können und zieht braune, goldig leuchtende Streifen durch die grünen, vom Schaumkraut bläulichweiß überhauchten Flächen. Hinter den Wiesen aber, in der großen Sinke, die von zwei flinken Bächen und einem faulen Flüßchen überreich mit Wasser versorgt wird, hat der Porst noch die Obergewalt. Es fehlt dort anfangs nicht an Bäumen und Sträuchern, knorrigen Eichen, schlanken Birken, stolzen Fichten und krausen Kiefern; aber jetzt, wo der Porst in Blüte steht, kommen sie nicht zur Geltung, denn die ganze weite, breite, nur hier und da von einer Krüppelkiefer, einem Erlenhorste, einem Weidenbusche unterbrochene Fläche ist ausgefüllt von ihm, ist ein einziges goldenes, glühendes, loderndes Gefilde, erfüllt von tausendfältigem Leben.

Dumpf murren in den Tümpeln die Moorfrösche, hell locken im Riede die Heerschnepfen, wehleidig klagend taumeln die Kiebitze dahin, und mit jauchzendem Schrei kreist der Bussard unter den Wolken. Auf dem grauen Wacholdergerippe sitzt der Raubwürger, schrill rufend, helle Weihen werfen sich mit gellendem Keckern aus der Luft, der Brachvogel steigt empor und läßt seine wehmütigen Triller weithin schallen, Kuckuck und Wiedehopf läuten, die Turteltauben schnurren, und viele kleine und feine Stimmen erklingen, ab und zu übertönt von den herrischen Fanfaren des Kranichs oder von dem dröhnenden Basse des Rehbockes, der von einem Menschen Wind bekommen hat und nun durch den Porst flüchtet, daß der Blütenstaub hinter ihm herwirbelt und die graue Glokkenheide, die braune Sandheide, das grüne Ried und das silberne Wollgras mit dichtem gelben Puder verhüllt.

Heute herrscht der Porst hier noch und morgen und übermorgen. Um das düstere Erlengebüsch frohlockt er und jauchzt aus dem modrigen Birkenwalde heraus. Aber die Sonne, die ihm nach langem Warten die Schönheit brachte, wird sie ihm bald nehmen, der Wind streift ihm den goldenen Staub aus den Kätzchen, der Regen gibt ihm den Rest. Mit verdorrten, fahlen Blüten wird er dann dastehen; niemand wird nach ihm hinsehen, wenn er sich mit jungem Laube schmückt, und je voller er sich beblättert, um so unsichtbarer wird er und verschwindet zwischen der Heide und dem Riede und den Weiden und dem üppigen Bruchgebüsch als ein Strauch, den keiner sieht und kennt. Im Herbste wird er dann noch einmal goldgelb und feuerrot leuchten und lodern und im Winter sich purpurrot aus dem Schnee erheben, um auf den Frühling zu warten; doch niemand freut sich an ihm. Hinter den Erlen quillt eine Rauchsäule empor und noch eine und immer mehr. Die Bauern brennen den Porst; er steht ihnen im Wege. Hier liegen die blühenden Büsche zu Tausenden am Boden, da starren sie tot und schwarz aus dem jungen Grase. Über das Jahr wird der feurige Busch nicht mehr so unumschränkt hier herrschen; Wiesen und Weiden werden ihn durchziehen. Und noch ein Jahr und abermals eins wird kommen, und aus ist es mit ihm. Nicht mehr wird der Birkhahn hier balzen, der Kranich trompeten, die Heerschnepfe meckern.

Verschwunden wird bis auf einige dürftige Reste der Porst sein mit seiner Pracht und all dem bunten, reichen Leben, das sich in ihm barg.

Sehr verehrte gnädige Frau! (geschriebener Text S. 29)

Das wehmütige Dichterwort „Es wär' zu schön gewesen, es hat nicht sollen sein", das in meinem Leben seit jeher eine große Rolle gespielt hat, bewährte sich auch diesmal, als es galt, zweifach Schönes: Ihre Gastfreundschaft und eine künstlerische Feierstunde im Konzertsaale zu genießen. Besonders leid tut es mir, daß ich Sie, verehrte Frau, und ihre lieben Hausgenossen enttäuschen mußte, die gewiß schon in bewährter Sorglichkeit Vorbereitungen auf meine Ankunft getroffen und – ich bin so verwegen, es zu glauben – sich darauf gefreut haben. Ich lasse alle, zumal Herrn Doktor, vielmals um Verzeihung bitten.

Herr Kastelitz wird Ihnen die Hindernisse mitgeteilt haben, die meinen Reiseplan scheitern machten. Er trägt keine Schuld. Er hat sein Möglichstes getan und ich bin ihm für das Opfer einer keineswegs angenehmen Winterreise tatfestesten Dank schuldig. Lassen Sie mich hoffen, daß die Zeit, da der häßliche Tyrann Winter von den holden Mächten des Frühlings endgültig entthront sein wird, uns ein frohes Wiedersehen vergönnt, und entrichten Sie dem Kreise froher und guter Menschen, dessen Mittelpunkt Sie sind, die wärmsten Grüße

Ihres in aufrichtiger Hochachtung ergebenen

Festenburg, 1. 3. 1924 Dr. O. Kernstock

Zeugnis (geschriebener Text S. 30)

Fräulein Elisabeth Schemenau geboren 12. August 1901 zu Stockach in Baden, war vom 1. Dezember 1919 bis 2. August 1920 als Kinderpflegerin bei mir in Stellung.

Während dieser Zeit hat sie sich durch großen Fleiß, Aufrichtigkeit und große Liebe zu meinen 2 Kindern im Alter von 1 und 4 Jahren ausgezeichnet. In Pflege und Pünktlichkeit ist Frl. Schemenau äußerst zuverlässig und kann ich sie jedermann empfehlen.

Sie verläßt mein Haus auf eigenen Wunsch, da sie ihrer Mutter nicht mehr entbehrlich ist.

Für ihr ferneres Fortkommen und Wohlergehen wünsche ihr recht viel Glück

Ernst Guggenheim

Rudolf von Larisch (1856–1934) (geschriebener Text S. 31)

Die Liebe zu Edelschrift und Buch ist das Band, das uns vereint. Wer der Pflegestätte angehört, ist in keiner Liste verzeichnet und muß es in seinem Inneren fühlen. Hohe Schriftqualität und Gestaltungskraft sind Vorbedingung. Nur wer sich durch Schriftschreiben beglückt fühlt und Edelarbeit leisten will, mit dem Ziele auf Schrift- und Buchgestaltung, gehört zu uns. So kann der Lärm und das unreine Wollen des Alltags an unseren Kreis nicht andringen.

Wir suchen das, was wir in unserem Herzen tragen und wollen es rein bewahren. Möge die Pflegestätte diese Sehnsucht erfüllen helfen.

Bücher (geschriebener Text S. 32)

Büchern bin ich zugeschworen,
Bücher bilden meine Welt.
Bin an Bücher ganz verloren,
Bin von Büchern rings umstellt.

Zarter noch als Mädchenwangen
Streichl' ich ein geliebtes Buch,
Atme bebend vor Verlangen
Echten Pergamentgeruch.

Inkunabeln, Erstausgaben,
Sonder-, Luxus-, Einzeldruck:
Alles, alles möcht ich haben –
Nicht zum Lesen, bloß zum Guck!

Bücher sprechen ungelesen –
seit ich gut mit Büchern stand,
Weiß ich ihr geheimstes Wesen:
Welch ein Band knüpft mancher Band!

Bücher, Bücher, Bücher, Bücher,
Meines Lebens Brot und Wein!
Hüllt mich nicht in Leichentücher –
Schlagt mich in van Geldern* ein!

Karl Wolfskehl, 1932

*wertvolles Büttenpapier

Herrn Fr. Methlow, Heidelberg (geschriebener Text S. 33)

Unsere Centraldirection hat soeben telefonisch bei uns angefragt, ob die Bürgschaftsurkunden in unseren Besitz gekommen sind. Leider mußten wir die Anfrage verneinen. Wir bitten Sie dringend, uns heute noch wenigstens die Bürgschaft Ihrer Frau Mutter zukommen zu lassen; die *Bürgschaft des Herrn Neu* hoffen wir morgen von Ihnen zu erhalten. Herr Director Dr. Hesse wird in den nächsten Tagen nochmals in Ihrer Angelegenheit hierherkommen und möchte bei dieser Gelegenheit in unserem Büro einen Einblick in Ihre Inventurbücher nehmen. Wir werden Sie vor dem Hierherkommen des Herrn Director Dr. Hesse bitten, uns einige dieser Bücher zuzuschicken. Wir hoffen, daß Sie schon in der nächsten Zeit Gelegenheit haben, größere Waarenbestände abzustoßen und sehen Ihren Anschaffungen entgegen. Hoffentlich ist es Ihnen möglich, die Verhandlungen mit der Firma Emden zu einem guten Ende zu führen. In einem Verkauf Ihres Geschäftes sehen wir für Sie selbst und für die übrigen Beteiligten unbedingt die beste Lösung.

Hochachtungsvoll (2 Unterschriften)

Postkarte oben (geschriebener Text S. 34)

Hochw.(ohlgeboren) Herrn
Fähnrich 41. Inft. Rgmt
Friedrich Franek
Czernowitz
Bukowina

Nun wie geht es Dir denn in Cz. (= Cernowitz) In ein paar Tagen bin auch wieder dort und dann wirst Du Dich schon einleben. Ich fahre in 14 Tagen nach Wien, solltest Du irgendwelche Wünsche für Deine Eltern haben so gib sie mir bekannt und ich mache dort eventuell meine Aufwartung. Im übrigen am Anfang Geduld und viele Grüße Dein

(Unterschrift)

Schreibe bald
Gruß an Polawezky

Postkarte unten

Wohlgeboren
Fräulein
Helene Schindler
Vöslau
Ernestinen-Villa
Liebe Helene! Soeben habe ich Deinen Brief erhalten. Es freut mich, daß Du nun bald wieder hergestellt sein wirst. Eurer freundlichen Einladung, Euch zum hl. Abende zu besuchen, kann ich leider keine Folge leisten, da ich bereits schon vor einigen Tagen der Tante Marie zugesagt habe den hl. Abend in Neustadt zu verbringen. Also besten Dank für die freundliche Einladung. Vielleicht sehen wir uns hernach in den nächsten Tagen. Ja? Ich bin immer noch ohne dienstbaren Geist.
Obwohl Du nichts erwähnst, hoffe ich doch, daß Du meine Karte erhalten hast. Nochmals Dir und Deinen Eltern recht angenehme Feiertage wünschend, grüßt Euch alle Tante Milla

(geschriebener Text S. 35)

Text links: Peter Hofer
Gasthof z. gold. Hirschen Sterzing
Am 15. Juni 1909
Am 01. Oktober 1909
Text quer: Gesehen und bestätiget am 22. 10. 1909 (Unterschrift)
Text rechts: Kochenlernerin
Bestätige hiermit daß Johanna Tiefenbacher bei mir als Kochenlernerin war und sich durch Ihren Fleiß und Geschicklichkeit sowie willig, sitlich, ehrlich u treu jederman aufs beste zu empfehlen ist.
Sterzing den 1. Oktober 1909 Peter Hofer

Zürich, den 18. Feb. 1903

Herrn Weber! (geschriebener Text S. 36)

Ich möchte die HHerrn* von der Gesangssektion gerne wieder einmal zu einem Faß Bier einladen, hoffend die HHerrn* werden mein Anerbieten nicht ausschlagen & bitte ich Sie Herrn Weber als Präsident höflichst, mir gef. mittheilen zu wollen, an welchem Tage es Ihnen am besten paßt, & wie viel Mitglieder ich ungefähr erwarten darf, damit ich mich mit dem Platz richten kañ. ebenso würde Sie dañ bitten etwa eine *Stunde früher als wie gewohnt zu koṁen,* damit Sie doch noch einige schöne Lieder singen köñten.
Ihre gütige Antwort Herr Weber hierüber gewärtigend Zeichnet bestens Grüßend

Albert Huber z. Ritter

*) = Mehrzahlform

(geschriebener Text S. 37)

an Verehrl. Verrechnung des Gr. bad. FeldArtillerie Regiments in Gottesaue

In der Anlage erlauben wir uns Ihnen eine Bescheinigung über Fourage Lieferung an die dahier bequartirtgewesene Batterie des obigen Regiments vom heutigen über 37 f 40 mit der Bitte zu übermitteln uns den Betrag gefällig hierher senden zu wollen.

Nach gemachter Auszahlung werden wir die Quittung hierüber umgehend einsenden.
Ladenburg, den 25. Juni 1866 Schaefer

(geschriebener Text S. 38)

Hochgeschätzter Herr Bürgermeister!

Seine Königliche Hoheit der Großherzog haben das Beglückwünschungsschreiben der Vertreter der Gemeinden des Amtsbezirks Ladenburg huldvollst entgegengenommen und mich gnädigst zu beauftragen geruht denselben Höchst Seinen freundlichen Dank für die darin kundgegebenen Gesinnungen der Anhänglichkeit und Treue auszusprechen.

Indem ich durch diese Mittheilung dem mir gewordenen gnädigsten Befehle nachkomme bitte ich Sie dies zur Kenntniß aller derer zu bringen, die sich der Adresse angeschlossen haben und zeichne hochachtungsvoll Euer Wohlgeboren ergebenster Diener

(Unterschrift)

Taufschein (geschriebener Text S. 39)

Endesgefertiger bezeiget hiermit aus dem Taufbuche der 1. (= als) f. (= auf) Pfarre Haag...* fol.204**. daß von Michael Meiß bauer zu Krottendorf 165 hies. Pfarre mit seinem Weibe Anna geb. Pickl. während ihres Ehestandes eine Tochter erzeigt wurde, welche am fünften April des Jahr Christi, eintausendachthundertzwanzig und drey / : 5. April 1823 / geboren am selben Tage in der hiesigen lobwürdigen Pfarrkirche zum h: Michael von dem Hochw. Herrn Joseph Huber p.t.*** Cooperator allhier in Gegenwa(r)t des Johann Schadorfer bauer zu Porstenberg

hies. Pfarre als Pathen nach katholischem Gebrauche die h: Taufe empfangen hat, in welcher ihr der Nahme *Anna Maria* beigelegt wurde. Urkund deßen meine Handschrift und der beigedruckte Pfarrsigell.
Pfarre Haag am 25. März 1853
Sebastian Deichard, Pfarrer

* eine mögliche Lesart wäre: III St. = 3. Stück
** fol.204 = Blatt 204
***p.t. = prämisso titulo = mit (allen) vorangestellten Titeln

Lieben Kinder, groß und klein! (geschriebener Text S. 40)

(Burg auf Fehmarn), den 23. Nov. 1843
Da ich gerade etwas Zeit habe, und mich lieber mit Euch unterhalte, als zusehe, wie die anderen Gäste (Billard) oder (Karten) spielen, so will ich Euch mal wieder einen komischen (Brief) schreiben, und Euch erzählen, wie es mir bisher ergangen hat. Gestern war es nur gut, daß wir den (Wind) auf dem (Rücken) hatten, sonst würden wir mit unserem (Wagen) nicht so gut fortgekommen seyn denn (es, wehte) sehr bedefdent. Unterwegs kehrten wir im (Kuh-Krug, oder aber: Neu[e]n-Krug) und im (See-Krug) ein, und sahen viele wilde (Gänse) und (Enten). In Lütjenburg bestieg ich Abends den (Stellwagen, Postwagen) mit Herr (Sonne) aus (Segeberg). In Oldenburg tranken wir bey Herr (Beil, Axt) (ein Glas Wein), schliefen in Heiligen(hafen) 1 Stündchen auf Stühlen und (Bänken) und kamen mit Tages Anbruch beym Sund an. Da das Wasser aber so niedrig war, so mußten wir eine weite Strecke auf einem Mist (Karren) zum (Boot) hinfahren. Auf der anderen Seite ging es ebenso. Während wir aber so saßen und auf den (Wagen) warteten, sah der Mann, der mit seinen großen (Stiefeln) im Wasser stand und das Boot festhielt, auf ein mal einen See (Hund) seinen diken (Kopf) aus dem Wasser heraussteken: Sieht er nicht greulich aus? Für dißmal genug. Gratulirt Tante Louise vielmal zu ihrem Geburtstag u. sagt ihr, daß ich ihr verleicht auch was mit – bringe. Seyd ja recht artig, hört ihr?
Es grüßt Euch (herz)lich Euer l.(ieber) Papa

Quittung: (geschriebener Text S. 41)

Adam Grassinger als Pfleger des Schemenauers Erben zahlt an den Martin Fridrich für dessen volljährige Efrau Margreda Schemenau den Sechsten Theil von dreyhundert Achzig fünf Gulden, mit Sechzig vier Gulden 10+ für den verkauften Baublatz an den Evangelischen Pfarrfund wofür bescheind den Empfang
Bargen, d. 8.ten Juni 1845 Sechzig vier Gulden 10+ richtig erhalten
Martin Friedrich

(geschriebener Text S. 42)

Vorzeiger dieses, Peter Schäf(f)er, Sohn des Herrn Peter Schäf(f)er von Ladenburg, hat bei mir die Handlung, sowohl in Specerey als Eisen-Waaren erlernt, und sich während dieser Zeit immer zu meiner Zufriedenheit treu und fleißig betragen, so daß ich denselben der Wahrheit gemäß dieses eigenhändig bezeuge und mit meinem Handlungs-Siegel hiemit bekräftige.
Heidelberg, d. 1.ten Novbr. 1826 Jos. Stauch

(geschriebener Text S. 43)

Von Gottes Gnaden Wir Maximilian Joseph, in Ober- und Niederbaiern, auch der obern Pfalz Herzog, Pfalzgraf bey Rhein, des Heil. Röm. Reichs Ertz-Truchseß und Churfürst, Landgraf zu Leuchtenberg, etc, etc. Entbiethen männiglich Unsern Gruß und Gnade zuvor! Da Wir Uns von dem Antritt Unserer Regierung her, nichts so sehr angelegen seyn lassen, als die höhern, nüzlichen, und schönen Wissenschaften, soviel es sich immer thun läßt, in Unsern Churlanden auszubreiten und allgemein zu machen: und wie Wir zu eben diesem Ende eine Akademie der Wissenschaften in Unserer Residenzstadt München errichtet, wovon wir bereits viele gute und heylsame Wirkungen zu Unserer äußersten Zufriedenheit verspüret haben: so erachten Wir noch übrig zu seyn, an die Excolir-* und Auszierung Unserer deutschen Muttersprache, welche bisher nicht wenig in hiesigen Gegenden vernachläßigt worden, nach dem Beyspiele anderer benachbarten deutschen Staaten ernstliche Hand anlegen zu lassen; in Erwägung, daß an einer gleichförmigen, deutlichen, nach bestimmten Regeln eingerichten und eben darum vor der Veränderung gesicherten deutschen Schreibart Unsern Landen und der Nachkommenschaft sehr vieles gelegen ist. Wir haben daher Unserer Akademie der Wissenschaften aufgetragen, nicht nur einen of-

* Excoliren: ausbilden, verbessern

fentlichen Lehrstuhl der deutschen Sprach- und Redekunst in Unserer Residenzstadt zu bestellen, sondern auch eine nach der hiesigen Landesbeschaffenheit und Mundart soviel möglich eingerichtete Anleithung zur deutschen Sprachkunst, zum Gebrauch der Schulen Unserer Churlande durch einige aus ihrem Mittel verfassen und in Druck legen zu lassen.

(geschriebener Text S. 44)

Heinrich G. Paricius, Regensburgische Schreiberschule, 1710

Ein Schreiber muß also erhaben sizzen, daß dessen beyde Ellenbögen ganz frey und ungezwungen, auf dem Tische, worauf Er schreibet, sich bewegen können, den Leib kan Er zwar ein wenig für sich neigen, doch also, daß Er sich nicht an den Tisch lehne, noch das Haubt allzusehr für sich sinken lasse, sondern alle Zeit gerade und aufrecht sizze, auch die Füsse unter den Tisch nach seiner Bequemlichkeit, nehmlich den linken Fuß etwas besser hinaus als den rechten strekke, wie solches auß obiger Figur zu ersehen ist.

(geschriebener Text S. 44)

Ehr Eltern, Gott und Herren dein,
So wird Glück und Heÿl (= Heil) beÿ dir sein.
Ehre dein Vater und Mutter mit Worten und der That, damit Ihr Segen über dich komme und biß ans Ennde bleibe. Denn der Segen des Vaters versichert die Häuser der Kinder, vnnd (= und) der Mutter Fluch reist (= reißt) derselbigen Fundament mit der Würzel gar herauß. Darumb pflege Ihrer und betrübe Sie nicht. Deñ die Gutthaten, so du Ihnen beweisest, werden nimmermehr vergessen.

Zweiter Teil: Das Schreiben

Einleitung

Schrift schreiben ist zuallererst Handwerk. Deshalb soll und kann es nicht Übungsziel dieses Teiles sein, Ihnen künstlerische Fähigkeiten zu vermitteln, sondern Sie mit den Gesetzmäßigkeiten der Buchstabengestaltung vertraut zu machen. Erst das Beherrschen der Formgesetze einer Schriftart ermöglicht die freie Entfaltung eines persönlichen Stils. Deshalb sollte Ihnen auch eine Handschrift nicht zu gering erscheinen, um sie wie eine handwerkliche Tätigkeit von Grund auf zu lernen.

Was Sie alles zum Schreiben brauchen, erfahren Sie im folgenden Abschnitt. Dort wird auch die Beschaffenheit der Schreibwerkzeuge und der Umgang mit ihnen erklärt. Zeit, Geduld und Freude am Schaffen müssen Sie selbst mitbringen. Sie sind die Grundvoraussetzung für jede erfolgreiche schreiberische Tätigkeit.

Der eigentliche Lehrgang behandelt drei verschiedene Stilformen der deutschen Schreibschrift. Der Schwerpunkt liegt dabei auf der Offenbacher Schrift. Das mag verwundern, weil die Kurrent des 19. Jahrhunderts und die Sütterlin ungleich verbreiteter und bekannter waren. Anerkannte Fachleute wie z. B. Prof. Walter Stähle (Stuttgart), die selbst in Lehrgängen deutsche Schreibschrift vermitteln, lehren und empfehlen bewußt die Offenbacher Schrift als zeitgemäßeste und sowohl schreibtechnischen als auch künstlerischen Erfordernissen entsprechende Form. Ergänzend dazu werden aber auch die deutsche Schulausgangsschrift Sütterlins und die Schreibformen der um 1900 gebräuchlichen Kurrent vorgestellt und erläutert. Hinweise zu den Übungen im Übungsbuch finden Sie bei allen drei genannten Schriften.

Auf der so geschaffenen Grundlage können Sie sich ohne Schwierigkeiten auch andere Stilformen aneignen.

Verschiedene Anwendungsbeispiele für die deutsche Schreibschrift sind am Schluß dieses Teiles abgebildet. Sie sollen Ihnen zur Anregung dienen, die erworbenen Kenntnisse auch in die Praxis umzusetzen.

Das Werkzeug des Schreibers

Die Schreibgeräte

Allgemein teilt man die Schreibgeräte nach der Art ihrer Spitze und des damit erzeugten Schreibzuges ein. Es werden solche für den Gleichzug (gleichbleibende Strichstärken), Wechselzug (verschiedene Strichstärken bei unterschiedlicher Strichrichtung) sowie für den Schwellzug (auf- und abschwellende Striche) unterschieden.

Von den im Alltagsleben üblichen Schreibwerkzeugen kommt nur ein guter Füllhalter (Tintenfüller, Füllfeder) in Frage. Kugelschreiber und Filzstift sollten Sie vorderhand aus Ihrem Gedächtnis verbannen – sie verderben ohnehin nur die Handschrift. Die losen, auswechselbaren Stahlfedern, die man auch für alle anderen kalligraphischen Schriften verwendet, eignen sich für unsere Zwecke am besten. Sie sind in den Strichbreiten von ½ mm bis 5 mm in den verschiedensten Ausführungen überall im Handel erhältlich und werden in einen dazupassenden Federhalter gesteckt oder geklemmt. Es gibt auch Füllfedern mit kalligraphischen Schreibspitzen, doch sind diese in den schmalen Strichbreiten, wie wir sie hier benötigen, bislang noch nicht erhältlich.

Breitfeder (Wechselzug)

Redisfeder (Gleichzug)

Kugelspitzfeder (Gleichzug)

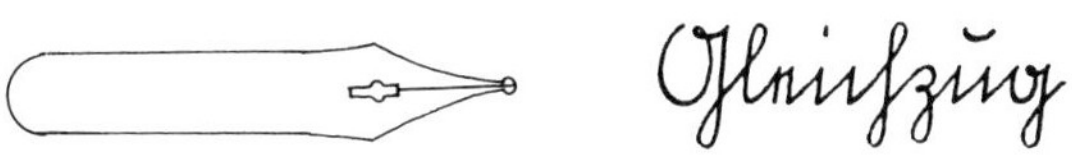

Spitzfedern (Schwellzug)

Gefüllt wird die Feder, indem man sie einfach in die Schreibflüssigkeit eintaucht und am Gefäßrand abstreift. Die meisten Breit- und Redisfedern haben einen Tintenstauraum in Gestalt einer Über- oder Unterfeder, den man zweckmäßigerweise mit dem Pinsel oder einer Pipette füllt. Jede Feder sollte nach einer neuerlichen Füllung auf einem gesonderten „Schmierblatt" mit ein paar Strichen eingeschrieben werden. Zwei kleine Gewohnheiten, die unangenehme Kleckser vermeiden helfen.

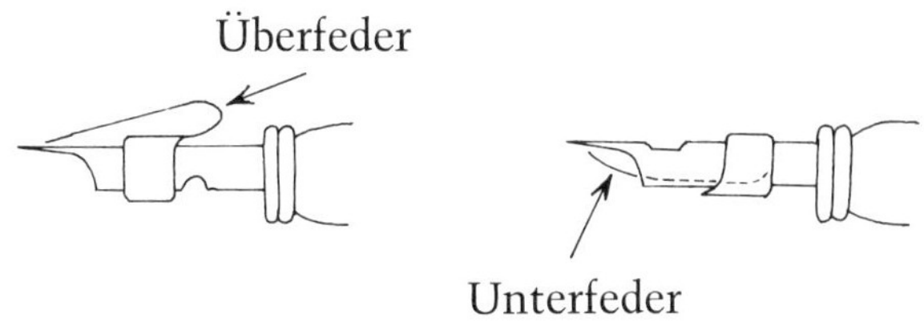

Nach der Verwendung müssen die Federn mit einem weichen Lappen und allenfalls warmem Wasser von Rückständen gereinigt werden. Die Über- oder Unterfedern nimmt man dabei ab. Wenn Sie längere Arbeiten ausführen oder dickflüssigere Schreibstoffe (Farbe) verwenden, sind Zwischenreinigungen empfehlenswert.

Grundsätzlich wird eine Feder mit Halter genau so in die Hand genommen und mit Daumen, Zeige- und Mittelfinger geführt wie der gewohnte Füllhalter oder Kugelschreiber. Die Breitfeder hat eine meißelförmige Spitze, die mit ihrer gesamten Breite aufliegen muß. Bei der Redisfeder gilt dies für die Fläche des Schreibplättchens. Während des Schreibens ist die Feder immer im gleichen Winkel zur Grundlinie zu halten und darf auch bei Bogenformen nicht gedreht werden! Gerade der Anfänger muß auf diese ständig gleichbleibende Federhaltung besonders achten.

Der Schreibzug entsteht bei allen Federn, außer jenen für Schwellzüge, durch die Form der Schreibspitze. Die so entstandene Linie darf keine eingerissenen Ränder aufweisen – sie deuten auf eine falsche Federhaltung hin. Bei Spitzfedern entsteht die unterschiedliche Linienstärke dagegen durch den ausgeübten Druck der Schreibhand.

Genaue Anweisungen über die Art, Breite und den Haltungswinkel der jeweiligen Federn finden Sie bei den betreffenden Schriften.

Die Schreibflüssigkeit

Zum Üben eignet sich am besten gut deckende schwarze Tinte, die leicht fließen soll. Tusche oder Scribtol sind wesentlich dickflüssiger und verkleben schnell die Federn; sie sollten nur verwendet werden, wenn Wischfestheit oder Lichtbeständigkeit gefragt sind. Zum Hervorheben bestimmter Textteile kann man sich handelsüblicher farbiger Tinten bedienen. Etwas aufwendiger ist es, mit Aquarell-, Tempera- oder Plakafarben zu schreiben, die mit Wasser auf das erforderliche Maß verdünnt werden müssen. Durch die unendlichen Möglichkeiten der Mischung lassen sich aber besonders reizvolle Wirkungen erzielen.

Der Schreibuntergrund

Bei der Wahl des Papiers sollten Sie immer darauf achten, daß es glatt, gut geleimt und holzfrei ist, damit es nicht durch die Schneide der Feder aufgerissen wird oder den Schreibstoff zerfließend aufsaugt. Für Übungszwecke genügt normales weißes Schreibpapier oder Offsetpapier (Kopierpapier). Für anspruchsvollere Arbeiten wird man, wie bei anderen Kalligraphien, auf edlere Beschreibstoffe zurückgreifen. Ingres-, Japan- oder Marmorpapiere sind in vielen Ausführungen und Farbtönen erhältlich. Nicht jedes Papier verträgt sich mit jedem Schreibstoff. Ein Versuch mit einem Probestreifen hilft Ihnen, unangenehme Überraschungen zu vermeiden. Ein Stück Papier unter der schreibenden Hand schützt den Schreibuntergrund vor der sonst unvermeidlichen Fettabsonderung der Haut.

Die Lineatur

Alle deutschen Schreibschriften bewegen sich in einem Vierliniensystem, das durch die jeweiligen Verhältnisse der Ober- und Unterlänge zur Mittellänge bestimmt wird (siehe Abbildung). Bis Sie die Maßverhältnisse einer Schrift beherrschen, werden Sie auf diese Hilfslinien nicht verzichten können. Es ist zweckmäßig, sich gleich sogenannte Linienspiegel zum Unterlegen in verschiedenen Zeilengrößen anzufertigen. Auch die rechten (freien) Seiten des Übungsbuches lassen sich dafür verwenden. Mit wachsender Schreibfertigkeit wird man sich auf die Grundlinie beschränken können oder überhaupt frei schreiben. Bei nicht durchscheinenden Papieren sollen die Hilfslinien mit einem spitzen Bleistift möglichst dünn gezogen werden. Da Radieren fast immer Papiere und Schreibstoff beschädigt, läßt man die kaum sichtbaren Hilfslinien entweder stehen oder verwendet zum Linieren besser gleich eine stumpfe Nadel. Kleine Schreibhefte mit vorgedruckten Lineaturen sind auch im Handel erhältlich.

Offenbacher

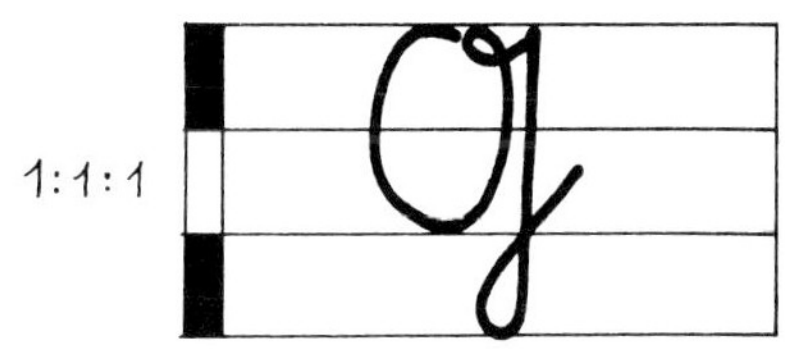

Sütterlin

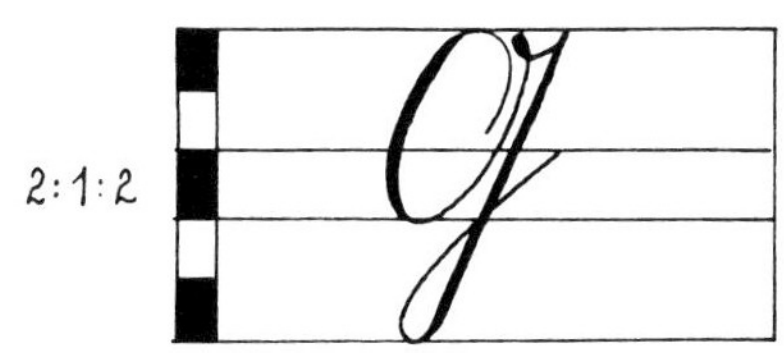

Kurrent um 1900

Die Offenbacher Schrift

Die von Prof. Rudolf Koch geschaffene und von seinem Schüler Martin Hermersdorf mit Kochs Zustimmung in kleinen Teilen geänderte Offenbacher Schrift wird in ihren kräftigen, abwechslungsreichen Formen vom Spiel der Breitfeder in Bewegung und Gegenbewegung geprägt. Sie verbindet so die Überlieferung der Schreibmeister vor 1800 mit den neuzeitlichen Erkenntnissen der Kalligraphie. Einer alten Handwerkererfahrung folgend, wonach das Vorbild des Meisters immer noch der kürzeste Weg zur Erlernung jeder Kunstfertigkeit ist, verstand Koch auch seine Schreibvorlagen als bindende Vorschrift. Auf dieser sicheren Grundlage ist es jedem Begabten möglich, seinen persönlichen Stil zu entfalten.

Für die ersten Übungen kann der gewohnte Füllhalter oder eine Kugelspitzfeder genommen werden – auch das Übungsbuch trägt dem Rechnung. Trotzdem sollten Sie sich möglichst bald mit der Breitfeder vertraut machen, da nur mit diesem Schreibgerät das kennzeichnende Formenspiel der Offenbacher Schrift zur Geltung kommt.

Grundlinie bildet. Die Feder verbleibt während des Schreibens in dieser Stellung und darf nicht gedreht werden.

Die Grundstriche stehen zur Grundlinie in einem Winkel von 75° bis 80°, eine leichte Schräglage, die der fortschreitenden Bewegung beim fließenden Schreiben entspricht. Die Lineatur der Offenbacher Schrift ist mittellängenbetont und bewegt sich im Verhältnis 2 : 3 : 2 oder 3 : 4 : 3.

Nach dem Vorbild von Martin Hermersdorf sind die Buchstaben bestimmten Grundformen in namentlich bezeichneten Gruppen zugeordnet und sollen damit durch formenweisen Aufbau das Lernen gegenüber einer starren ABC-Folge erleichtern. Schreiben Sie jedes Zeichen höchstens zehn Mal einzeln und üben Sie es dann sofort im Wortzusammenhang. Das fördert das Gefühl für den Schreibfluß und vermeidet das Ermüden in endlosen Einzelbuchstabenreihen. Mißlungene Buchstaben lassen wir stehen und schreiben sie daneben neu; nichts ausbessern oder übermalen! Die meisten Buchstaben können ohne Absetzen der Feder geschrieben werden, wo dies erforderlich ist, sind die Schreibzüge mit Kennzahlen versehen.

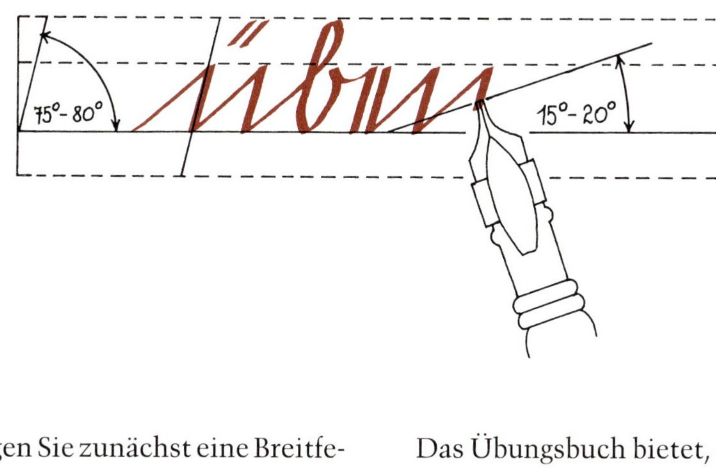

Zum Üben benötigen Sie zunächst eine Breitfeder in den Strichstärken von ¾ oder 1 mm. Sie wird so aufs Papier gesetzt, daß die meißelförmige Schreibspitze einen Winkel von 15° bis 20° zur

Das Übungsbuch bietet, dem Aufbau des Lehrbuches folgend, auf den Seiten 6 bis 25 Wörter zum Nachschreiben. Es ist jedoch vorteilhaft, zunächst auf einem gesonderten Blatt zu üben, wobei die rechte (freie) Seite des Übungsbuches als Linienspiegel Verwendung finden kann. Lassen Sie Ihrer Einbildungsgabe bei Wortschöpfungen freien Lauf; solange wir noch nicht bei den Großbuchstaben angelangt sind, werden alle Wörter klein geschrieben.

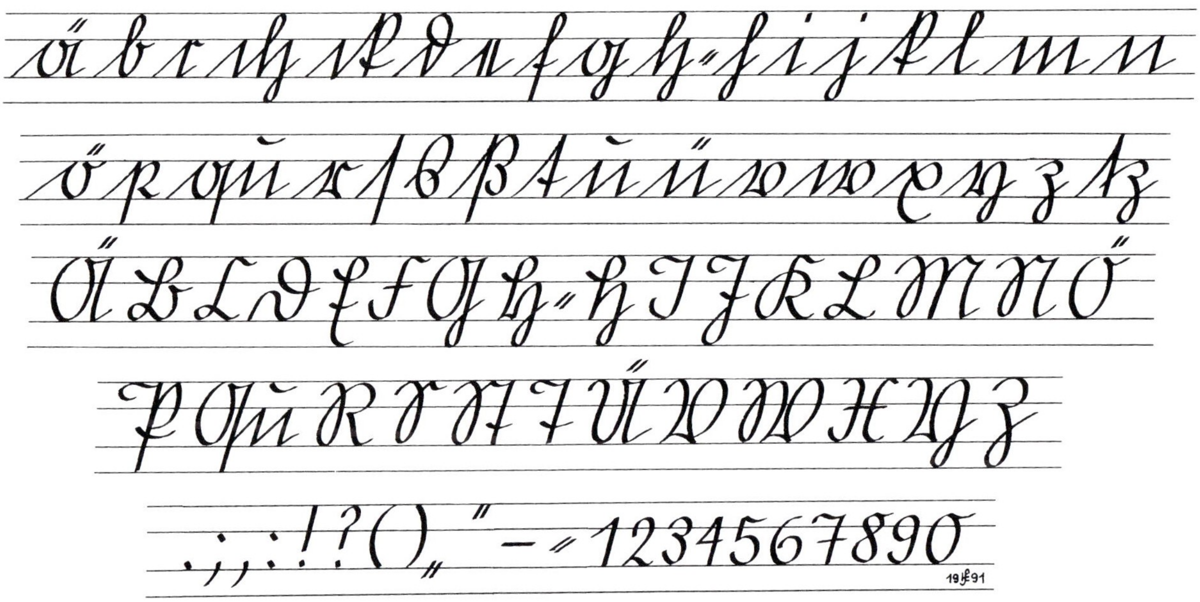

Kleinbuchstaben

1 Die Zackenformen (Übungsbuch Seite 6)

Auf- und Abstriche stehen in klaren Winkeln zueinander, der Abstand der Grundstriche bei n, m, u und ü sollte etwas geringer sein als die Buchstabenhöhe. Bei e muß abgesetzt werden, es wird ohne Verbindungsstrich geschrieben, um eine Verwechslung mit n zu vermeiden. I-Punkte, Umlautzeichen und u-Bogen werden erst gesetzt, wenn ein Wort fertig ist. Das gilt auch für den kleinen Bogen des einzelnen c, der bei den Ligaturen ch und ck wegfällt.

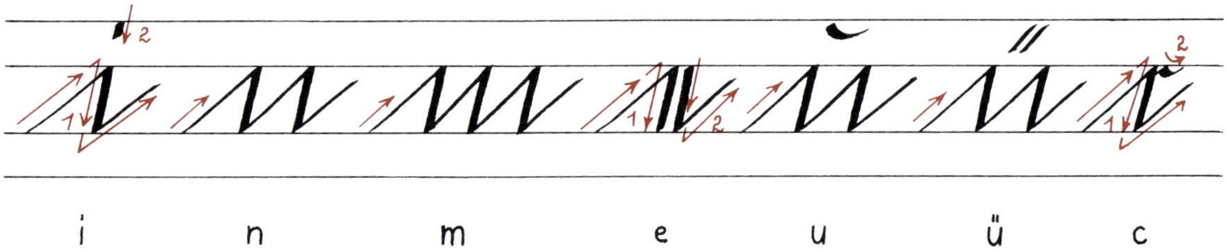

i n m e u ü c

2 Die Hakenformen (Übungsbuch Seite 8)

Die Anstriche verlaufen steiler, weisen aber eine leichte Durchbiegung nach rechts auf, um den Zeichenabstand nicht zu groß werden zu lassen. Dem langen s folgende Buchstaben setzen an der Grundlinie an. Bei t muß einmal, bei ck und k zweimal abgesetzt werden. Im praktischen, schnellen Schreibvorgang verschmelzen jedoch meist diese einzelnen Züge.

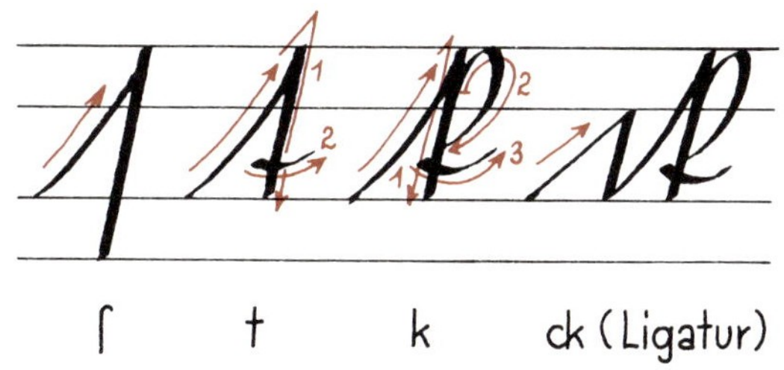

3 Die Eierformen (Übungsbuch Seite 10)

Der oben ein wenig offene Kopf sowie flache End- und Zwischenbögen sind Kennzeichen der Grundform. Beim a und der Unterlänge des g darf die Auswölbung erst kurz vor der Grundlinie bzw. Unterlinie erfolgen. Der Abstrich darf die Eiform nicht berühren, aber auch nicht zu weit entfernt sein, um beim a Verwechslungen mit o bei nachfolgenden Zackenformen zu verhindern.

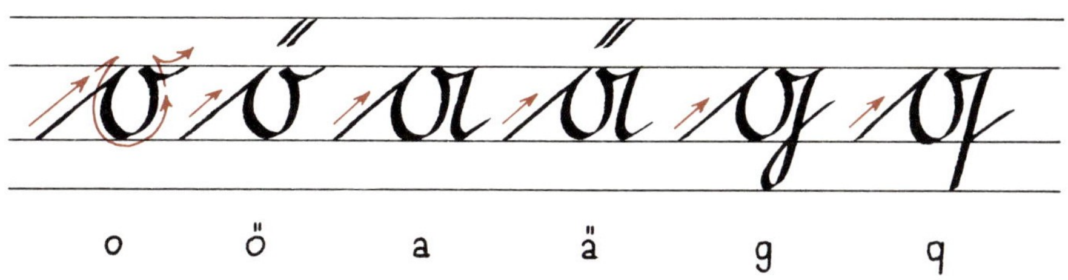

4 Die Schleifenformen (Übungsbuch Seite 12)

Die Schnittpunkte der Schleifen liegen knapp unterhalb der Mittel- bzw. oberhalb der Grundlinie; der Kopf muß so weit offen sein, daß ein i-Punkt darin Platz findet. Für h gibt es zwei Schreibmöglichkeiten: welche man wählt, ist Geschmackssache.

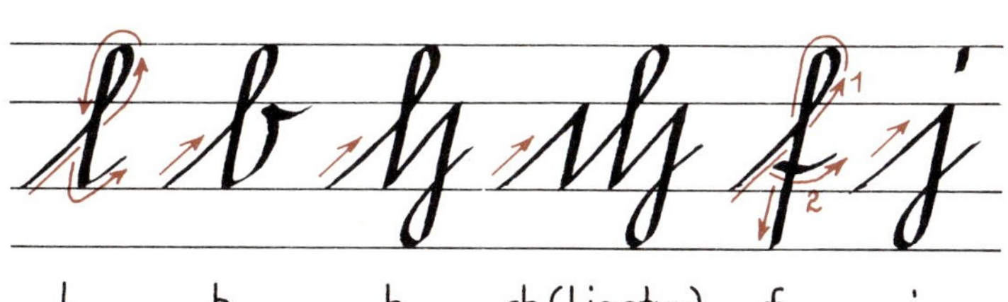

5 Die Mandelformen (Übungsbuch Seite 14)

Dem üblichen Anstrich folgt ein nach links ausschwingender Grundstrich mit spitzem Auslauf, daran schließt ein umgekehrter u-Bogen und in der Folge ein nach links ausbuchtender Aufstrich. Nur v und w zeigen die volle Mandelform; bei r schließt der flache Endbogen, bei y der Abstrich mit Linksschleife die halbe Mandel ab.

r v w y

6 Die Rollenformen (Übungsbuch Seite 16)

Der Kopf des z verlangt ein leichtes Einrollen; der Knotenpunkt, von dem die Gegenbewegung zur Schleife nach unten führt, liegt auf halber Mittellängenhöhe. Bei tz hängt sich das z mit seinem Kopf in den Grundstrich des t ein. Der Bogen bei ß wird an der Mittellinie angesetzt.

z tz (Ligatur) ß

7 Die Sonderformen (Übungsbuch Seite 18)

Das s besteht aus zwei Rollen, deren untere nur bis $\frac{3}{4}$ der Mittellänge reichen soll. Das d erfordert eine steile Linksschleife, die den Grundstrich an seiner Spitze leicht berührt und in flachem Bogen unter die Mittellinie und wieder hinauf führt.

Das Anschließen der Folgebuchstaben bereitet anfangs etwas Schwierigkeiten.
Die Formen des p sind jenem der Lateinschrift ähnlich. Das x birgt in sich ein Andreaskreuz. Sein Schnittpunkt muß in $\frac{2}{3}$ Höhe der Mittellänge liegen, um der Endschleife die richtige Weite zu geben.

s d p x

dl ds dr os rs

Großbuchstaben

1 Die Eierformen (Übungsbuch Seite 20)

Grundfigur ist, wie bei den Kleinbuchstaben, das oben leicht offene Eirund. Der anschließende Bogen wird flach gehalten. Die Endschleife des G schneidet den Abstrich etwas über der Grundlinie.

2 Die Kernformen (Übungsbuch Seite 20)

Die eigentlichen Kerne dürfen nicht zu breit sein, sie bilden das Maß für die Zwischenräume von M und N. Bei M wird entweder an der Mittellinie zum zweiten Aufstrich angesetzt oder ein Deckzug (Überschreiben einer Linie in Gegenrichtung) geschrieben, wie auf der Abbildung dargestellt.

3 Die Mandelformen (Übungsbuch Seite 20)

Sie werden wie die entsprechenden Kleinbuchstaben – nur ohne den Anstrich – geschrieben. Die Schleife des W entspricht den Kernen von M oder S.

4 Die Rucksackformen (Übungsbuch Seite 22)

Die Schleife des R gleicht den Kernen von M oder S, beim K entwickelt sich der Bogen aus einem von rechts oben beginnenden Abstrich. Der schräge Endstrich stützt gleichsam die Rucksäkke von R und K ab.

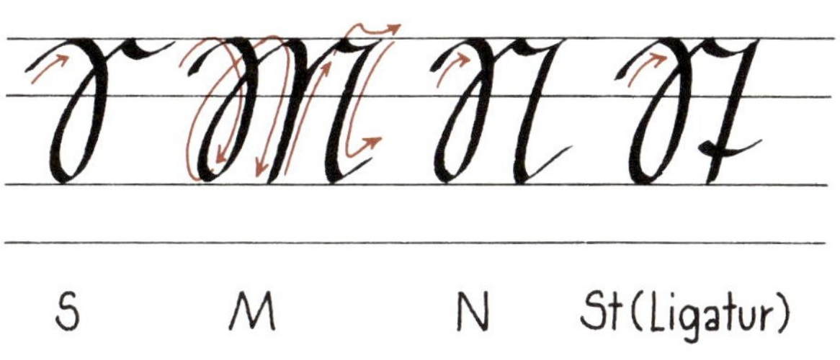

5 Die Schleifenformen (Übungsbuch Seite 22)

Wichtig ist es, das richtige Verhältnis der Schleifen zueinander zu finden, die nicht zu klein ausfallen dürfen. Die rücklaufende untere B-Schleife soll die obere nicht berühren. Der Abstrich des E ist zum größten Teil gerade. Für H gibt es wieder zwei Schreibmöglichkeiten; bei der einfachen Form ist ein Deckzug notwendig.

L B H E

H (Zweitform)

6 Die Fahnen (Übungsbuch Seite 22)

Der kennzeichnende Anfangsteil, die nach innen eingerollte Fahne, soll eine flache Welle bilden. Der Anschlußbogen bei J, P und T wird wie bei t angesetzt.

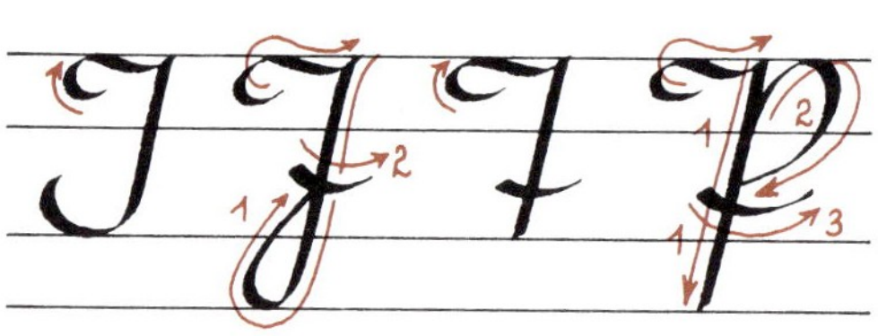

I J T P

7 Die Häkchen (Übungsbuch Seite 22)

An den waagerechten Querstrich des F können die Folgebuchstaben mit Ausnahme des l angeschlossen werden.

C F

8 Die Sonderformen (Übungsbuch Seite 24)

Das D besteht aus zwei Gegenzügen, ohne daß sich der unter die Mittellinie schwingende Kopf und der Unterbau berühren. Das erfordert etwas Übung. Das X setzt sich aus zwei parallelen Abstrichen zusammen; Folgebuchstaben werden an der Grundlinie angesetzt. Wie sein kleines Gegenstück wird das Z geschrieben, nur daß der Knotenpunkt an der Mittellinie ruht und sich damit auch der Schnittpunkt der unteren Schleife verschiebt.

D X Z

Zahlen und Satzzeichen

(Übungsbuch Seite 24)

Die Zahlen reichen nur bis an die halbe Oberlänge. Die 3 ist in ihrer Form dem Z verwandt. Die Verwendung der Satzzeichen weicht nur insofern von jenen der Lateinschrift ab, als bei Trennungen der schräge Doppelstrich verwendet wird.

Auch die Offenbacher Schrift erlaubt freie künstlerische Entfaltung, wie das von Rudolf Koch selbst geschriebene und von starkem persönlichen Ausdruck gekennzeichnete Beispiel zeigt.

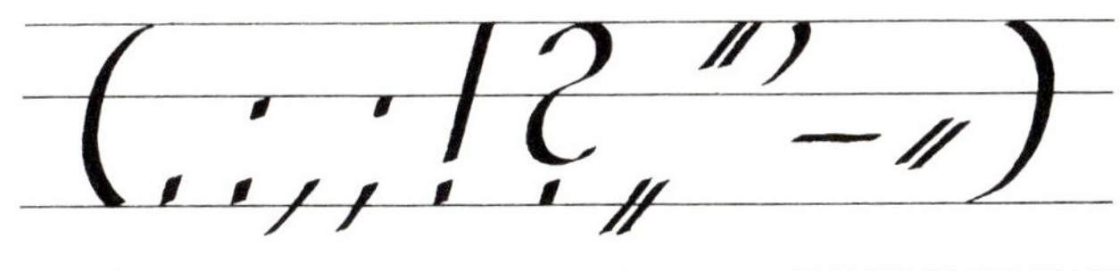

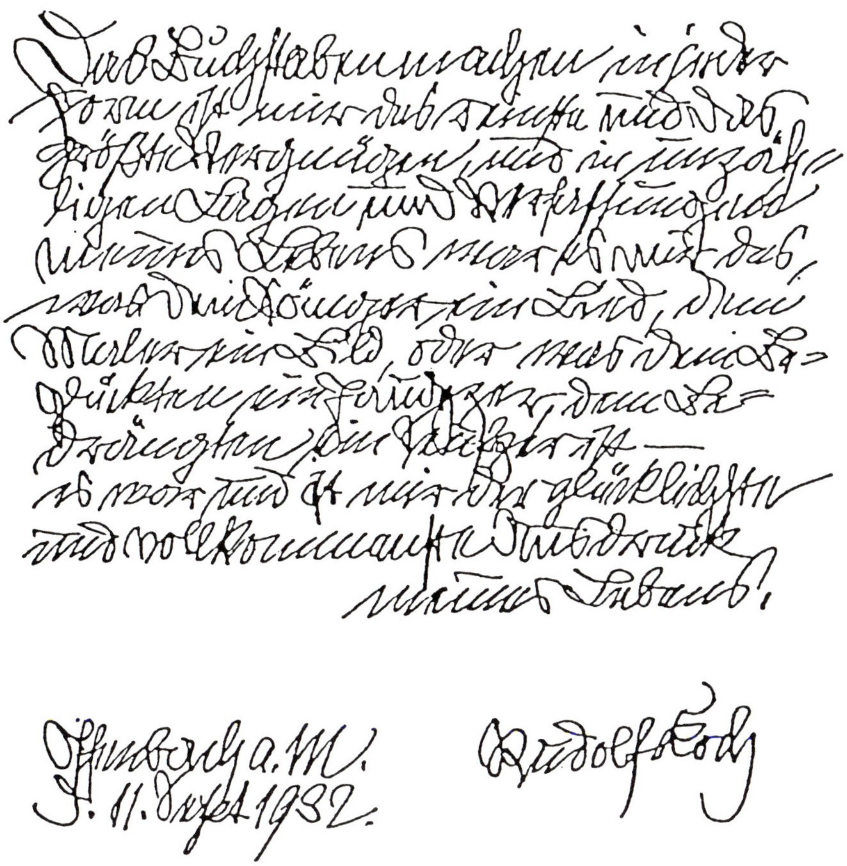

Die Sütterlin-Schreibweise

Im Gegensatz zu Rudolf Koch verstand Ludwig Sütterlin seine Formen nicht als Vorbild für eine Gebrauchsschrift, sondern nur als eine ausbaufähige Anfangsschrift für Schulanfänger. Die ornamental wirkenden Buchstaben mit ihren kindlich anmutenden Kringeln entsprachen seiner Forderung nach Deutlichkeit und fließendem Schreibzug. Da diese Grundformen aber für den schnellen Schreiballtag nicht verwendbar waren, stellte Sütterlin es jedem anheim, den starren Zeichen nach eigenem Empfinden Bewegung zu geben.

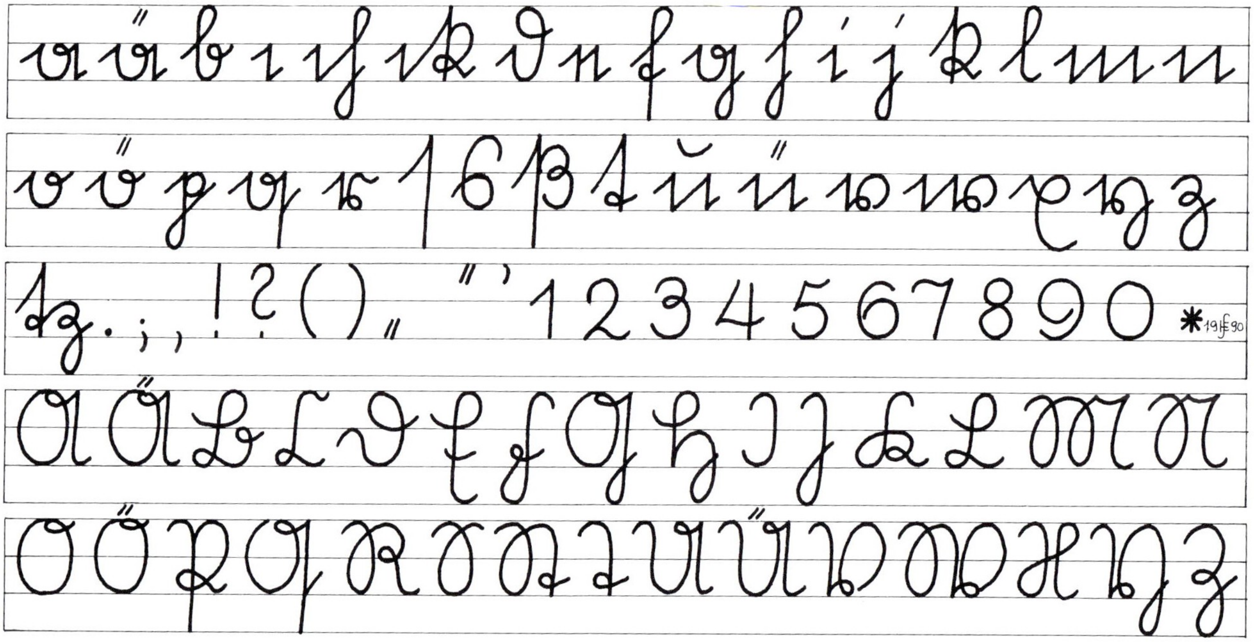

Zu den auffallenden Kennzeichen der Schulausgangsschrift Sütterlins zählen die senkrechte Stellung der Grundstriche zur Grundlinie (90°), die fast geometrische Zusammensetzung der Buchstaben aus Geraden und Kreisformen sowie die Lineatur im Verhältnis 1 : 1 : 1.

Als Schreibgerät verwenden wir eine Redisfeder in der Strichstärke von $\frac{1}{2}$ mm oder $\frac{3}{4}$ mm, die in einem Winkel von 40° bis 45° zur Grundlinie gehalten wird. Sie können aber zum Üben auch eine Kugelspitzfeder oder Ihren Füllhalter nehmen.

Bevor die Wörter im Übungsheft auf Seite 26 nachgeschrieben werden, sollten Sie schon ein paar Schreibversuche auf einem eigenen Blatt Papier durchgeführt haben, das Sie selbst vorlinieren oder einfach auf die Lineatur der freien rechten Seite (27) legen.

Sütterlin teilte seine Buchstaben in je fünf Gruppen ein und es empfiehlt sich, auch in dieser Reihenfolge zu üben. Schreiben Sie die Buchstaben wieder nicht nur einzeln, sondern möglichst bald im Wortzusammenhang.

Die Kleinbuchstaben

- kurze Gerade: c, e, i, m, n, u, ü
- lange Gerade: k, langes s, ß, t
- Linksbogen: a, ä, b, d, f, l, o, ö, q, x
- Rechtsbogen: j, p, r, s, v, w, y, z
- Links- und Rechtsbogen: g, h

Alle Kleinbuchstaben können ohne Absetzen der Feder in einem Zug geschrieben werden. Bei e, f, q und t ist deshalb ein mehr oder wenig langer Deckzug (Überschreiben einer Linie in Gegenrichtung) notwendig. Das e muß sich in seiner Breite vom n klar unterscheiden. Die kleinen Schleifen, z. B. bei a, f oder w sollen als solche erkennbar bleiben und nicht zu Punkten zusammenschrumpfen. Die Schreibweise des p ist in drei Schritten dargestellt; sein Kopf darf nicht den ganzen Raum der Mittellänge ausfüllen. Die Rechtsbögen von s, v, w und y sind keine Ovale, sondern Kreisformen. Bei d und ß wird der Folgebuchstabe an der Grundlinie angeschlossen.

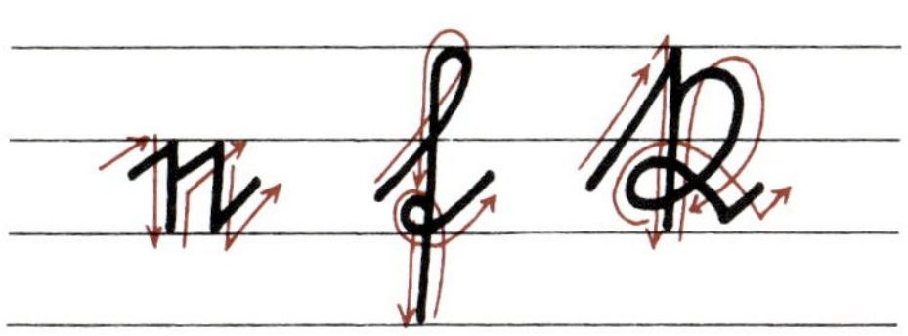

e f k

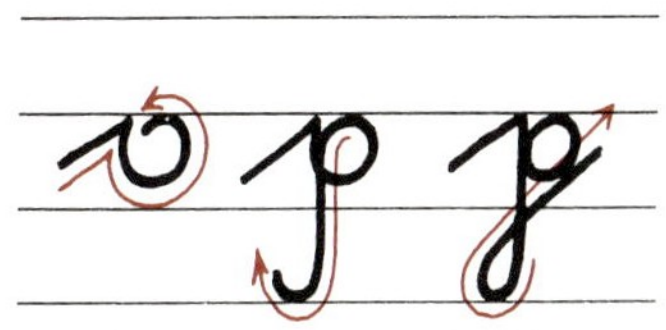

das p in 3 Schritten

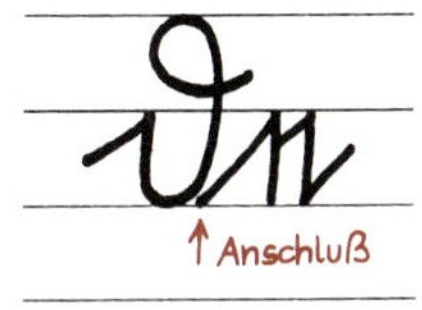

de

Die Großbuchstaben

- Linksrollen: A, Ä, E, O, Ö
- Rechtsrollen: I, J, P, S, St, V, W, Y, Z
- Rechts-Links-Rollen: F, G, H, M, N, Q, T, X
- Untere Wellen: B, C, L, K
- Rollwechsel: D, R, U, Ü

Bei den Großbuchstaben muß nur der Verbindungsstrich des E gesondert angesetzt werden. Deckzüge schreibt man bei H, P, Q, St und T. Die Ovale von A, Ä, G, O und Ö sind oben geschlossen. Der Bogen des K bewegt sich innerhalb der Mittellänge. Der Schreibzug des P wird aus der Form des k gewonnen. D unterscheidet sich nur wenig von seinem kleinen Bruder, der Folgebuchstabe wird jedoch an den auslaufenden Endbogen angeschlossen.

K

P

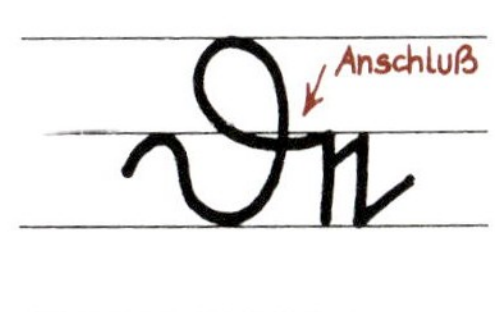

De

Alle Umlautzeichen, die i-Punkte und u-Bögen werden wie gewohnt erst nachträglich ins fertige Wort eingesetzt.

Auch bei Sütterlin reichen die Zahlen nur bis in die halbe Oberlänge; ihren Bogen liegen Kreisformen zugrunde. Für die Verwendung der Satzzeichen gilt das bei der Offenbacher Schrift Gesagte.

Ein von Ludwig Sütterlin selbst geschriebener Mustertext (entnommen der Zeitschrift „Die zeitgemäße Schrift", Verlag Heintze & Blanckertz, Berlin 1927–1943):

> Heute wird Schreiben in enger Verbindung mit dem Leben im Gesamtunterricht gelehrt. Jede Lehreinheit gibt dem Kinde Gelegenheit, allerlei Gegenstände und Geräte zu malen; hierbei üben sich die Schüler in der Darstellung von geraden und schrägen Strichen, Bogen und Schleifen, ehe das Schreiben beginnt.

Die Kurrent um 1900

Über ein Jahrhundert lang wurden die Handschriften, sowohl deutsch als auch lateinisch, von der spitzen Feder geprägt. Wenn wir heute die mit ihren weit ausladenden Ober- und Unterlängen schwungvoll geschriebenen Buchstaben jener Zeiten bewundern, vergessen wir nur zu leicht, daß auch damals nur langes Üben und vor allem der umfangreiche Gebrauch der Handschrift zu einem so gleichmäßigen und elegant wirkenden Schriftbild führen konnte.

Die Kurrentschrift mit ihren Schwellzügen ist schwierig zu schreiben und Sie sollten sich erst daran wagen, wenn Sie durch das Beherrschen der Offenbacher Schrift bereits Erfahrung gesammelt haben oder mit der Spitzfeder schon von früheren kalligraphischen Arbeiten her vertraut sind.

Die Spitzfeder erzeugt den Schwellzug nicht durch die Form ihrer Schreibspitze, sondern durch den unterschiedlichen Druck, den die Hand während des Schreibens darauf ausübt. Alle Abstriche werden mit Druck geschrieben, dadurch spaltet sich die Federspitze, gibt mehr Tinte frei und läßt die Schreibspur anschwellen. Bei den Aufstrichen lassen wir die Feder ohne Druck

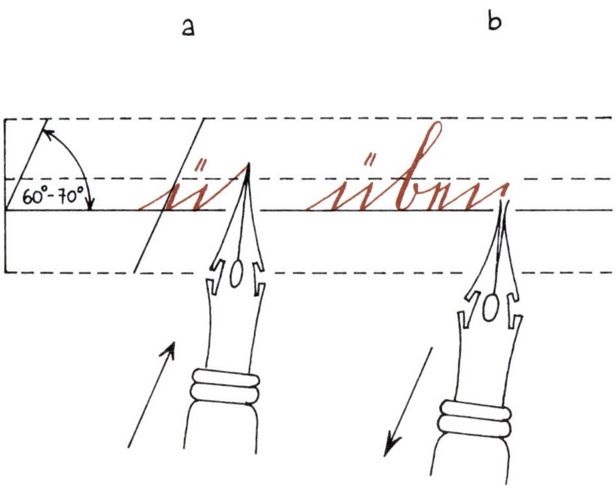

gleiten, sie würde sonst steckenbleiben. Der Übergang zwischen Druck und Gleiten darf bei langen Geraden und Bogenformen nicht plötzlich erfolgen, sondern muß mit der Abwärtsbewegung eingeleitet werden bzw. mit der Aufwärtsbewegung ausklingen. Dieser stetige Wechsel von Druck und Gleiten verlangt viel Aufmerksamkeit und Gefühl. Lassen Sie sich nicht von anfänglichen Mißerfolgen entmutigen. Es dauert seine Zeit, bis man den Schwellzug vorbildgemäß beherrscht.

Eine weitere Hürde ist die ungewohnte, weil unnatürliche Haltung der Feder zum Körper hin. Sie soll ziemlich parallel zu den Grundstrichen der Kurrent geführt werden, die sich ungefähr in einem Winkel von 60° bis 70° bewegen. Die Schräglage können Sie selbst wählen, doch muß diese dann immer gleichmäßig eingehalten werden.

Zum Üben ist es vorteilhaft, wenn die Zeilen eine Mittellängenhöhe von 3 bis 4 mm haben, damit Sie die Buchstaben klar ausführen können. Beachten Sie beim Anfertigen der Lineatur das Verhältnis von 2 : 1 : 2, das dieser Schrift zu eigen ist. Ein selbstgefertigtes Unterlegblatt mit Winkelhilfslinien erleichtert es, die ungewohnte Schräglage einzuhalten.

Die Buchstaben sind wieder nach Formmerkmalen in Gruppen zusammengefaßt, die Ihnen den Übungsablauf erleichtern sollen. Bevor Sie im Übungsbuch auf Seite 28 und 30 die Wörter zur Selbstkontrolle Ihres Könnens nachschreiben, sollten Sie deshalb mit der Kurrent schon ein wenig Erfahrung gemacht haben.

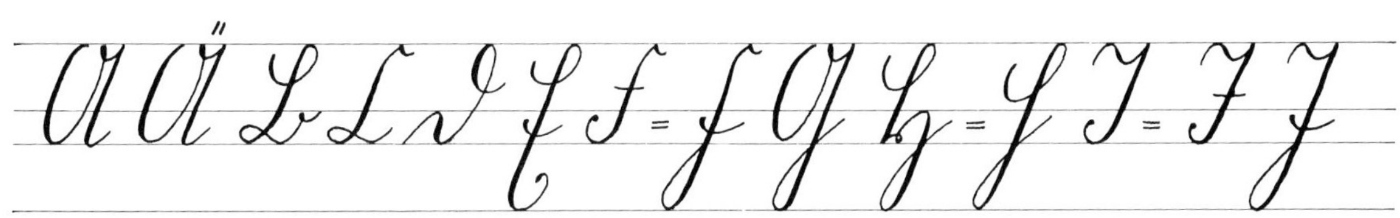

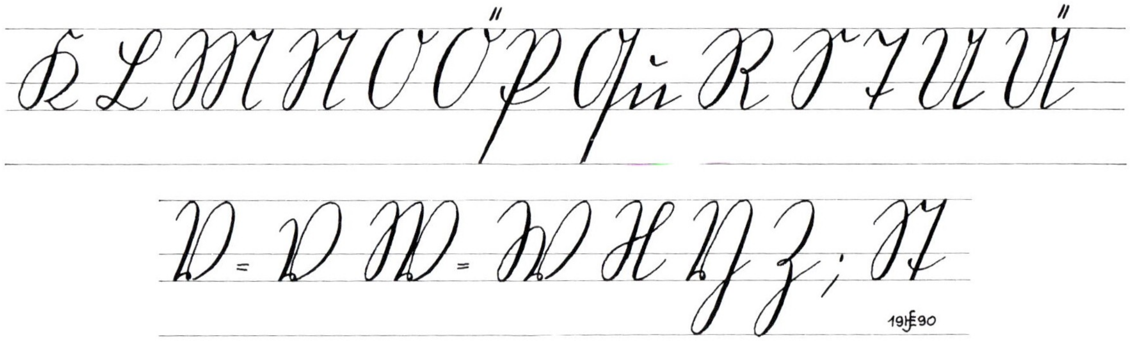

Die Kleinbuchstaben

- eckige Mittellängen: c, e, i, n, u, ü
- Mittellängen mit Bogen: a, ä, o, ö, r, v, w
- Oberlängen: b, d, ck, k, l, s, t
- Unterlängen: g, j, p, q, x, y, z
- Vollängen: ch, f, h, langes s, ß, tz

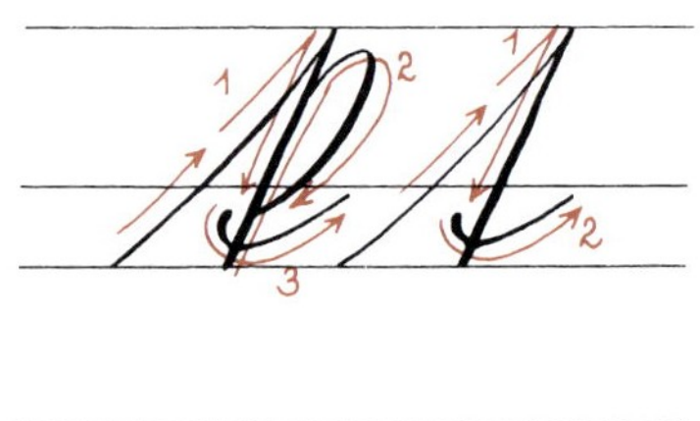

Das e muß eng geschrieben werden, um später eine Verwechslung mit n auszuschließen. Wichtig ist die Ausführung der sogenannten Punktschleifen bei a, ä, b, g, o, ö, r, v, w und y. Sie sind möglichst klein zu halten und können auch die Form eines satten Punktes annehmen. Abgesetzt werden muß bei den Anschlußbogen von f, k, t und tz. Den Bogen bei k und ß kann man im Deckzug schreiben oder in Höhe der halben Oberlänge ansetzen. Die Schleifen der Oberlängen haben ihren Schnittpunkt auf der Mittellinie, jene der Unterlängen auf der Grundlinie. Für das p gibt es zwei Schreibarten; hier liegt der Schleifenschnittpunkt etwas unter der Grundlinie. Bei s, ß und x wird der Folgebuchstabe an der Grundlinie angeschlossen. Ebenso verfährt man bei d, kann aber hier auch den Endbogen herunterziehen.

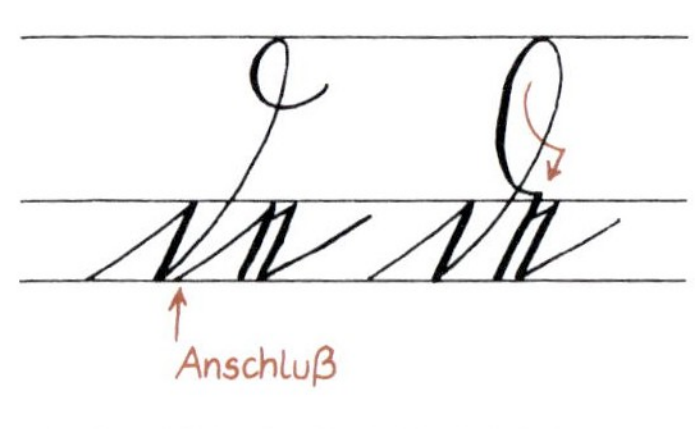

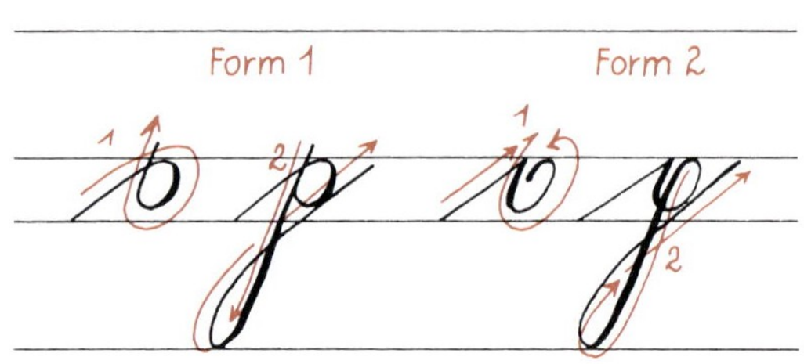

Lebkuchen-Figuren

Zutaten für den Teig: 200 g Bienenhonig
100 g Zucker
125 g Biskin
500 g Mehl
25 g Kakao
5 g Zimt, 5 g Kardamom
1 Messerspitze Nelkenpulver
1 Ei, 5 g Pottasche
1 Eßl. Rosenwasser

Honig mit Zucker und Biskin aufkochen und abkühlen lassen. Mehl, Kakao und Gewürze vermengen, Honigmasse, Ei und in Rosenwasser aufgelöste Pottasche dazugeben und zu einem glatten Teig verkneten.
1/2 cm dick ausrollen und die Figuren ausschneiden.
Im vorgeheizten Ofen bei 200 – 225 °C 15 – 20 Min. backen.

Verzierung: 250 g gesiebten Puderzucker mit 1 Eiweiß zu einer spritzbaren Masse anrühren.
Die Lebkuchen mit einer Spritztüte, in die dieser Guß gefüllt wird, verzieren.

Elfrun Köhncke

Hoppmann

Herrn
Martin Machule
7055 Stetten/Remstal
Gartenstraße 16

Heide Hoppmann
7520 Bruchsal 1, den 19.3.75
Wilderichstraße 43
Tel. 07251/8081

Lieber Herr Machule!
Vielen Dank für Ihre Karte vom 7. Lenzing 1975 und die wieder sehr schönen, ernsten und wehmütigen Bändchen.
Hartmut Hoppmann in Niederdorfelden ist mein ältester Bruder. Am 8. kam Ihre Sendung hier an und am gleichen Tag kam auch er mit seiner Familie zu unserem Familientreffen her.
Ich möchte Sie bitten, mich nicht mit „Sie" und „Fräulein" anzureden, denn ich finde das für meine 13 Jahre recht unpassend.
Unsere deutsche Schrift gebrauche ich fast immer, nur in der Schule ist mir das verwehrt, da sie vom Kultusministerium verboten ist, und die Lehrer sie nicht lesen können. Bei Deutschlehrern besonders bedauerlich.
Man muß eben überall gegen den Strom schwimmen, nicht nur in der Gesinnung, sondern auch im Aussehen.
Nochmals vielen herzlichen Dank für die 2 Bändchen. Wenn sich meine Kasse wieder etwas füllt, werde ich Ihnen wieder etwas schicken.
Nun wünsche ich Ihnen schon jetzt eine frohe Osterzeit!
Mit herzlichen Grüßen

Ihre Heide Hoppmann

Brief — Heide Kneißl-Hoppmann

Buchumschlag Manfred Klandt

Spruch — Harald Süß

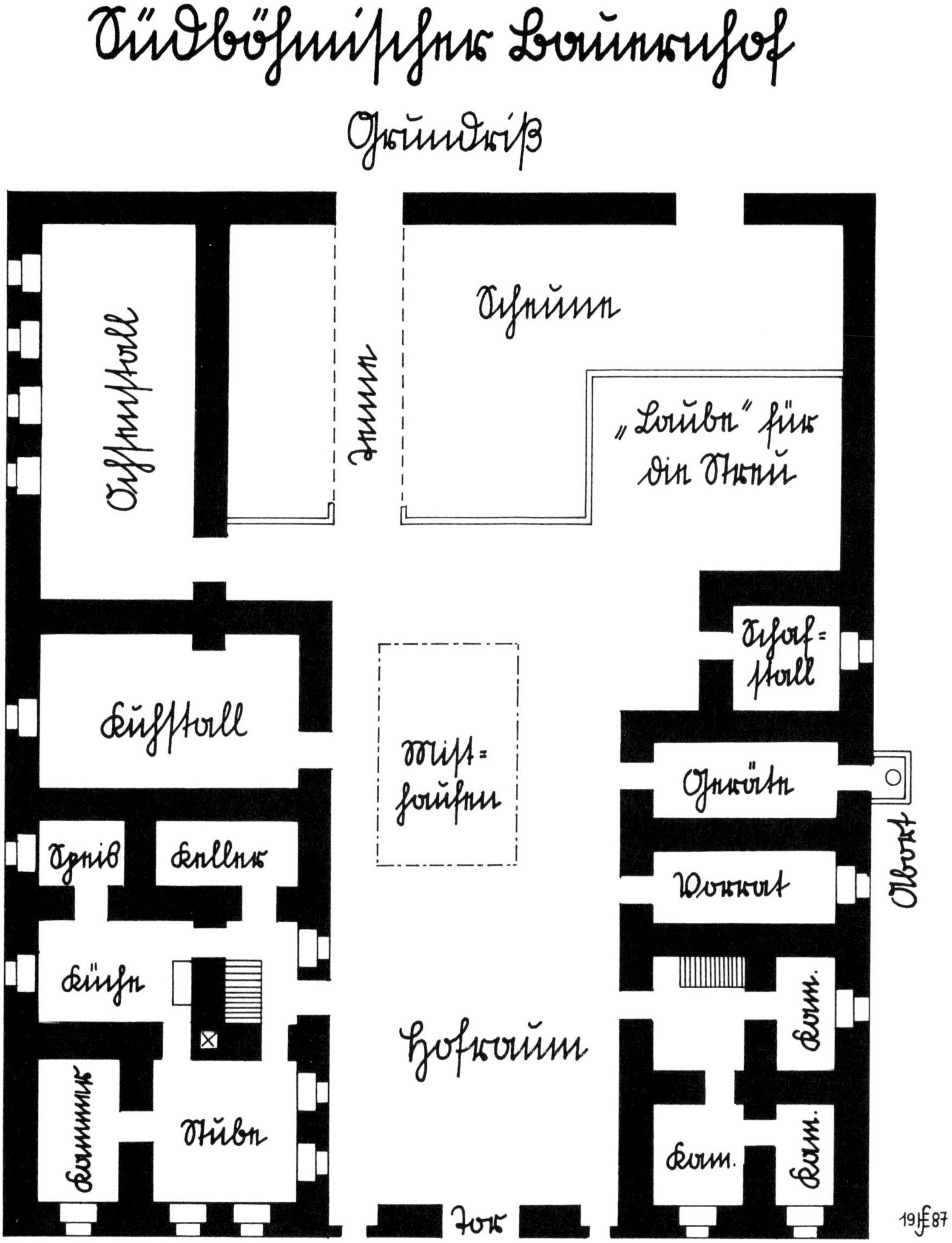

Plan eines Bauernhofes

Harald Süß

Festschrift (Titel) Harald Süß

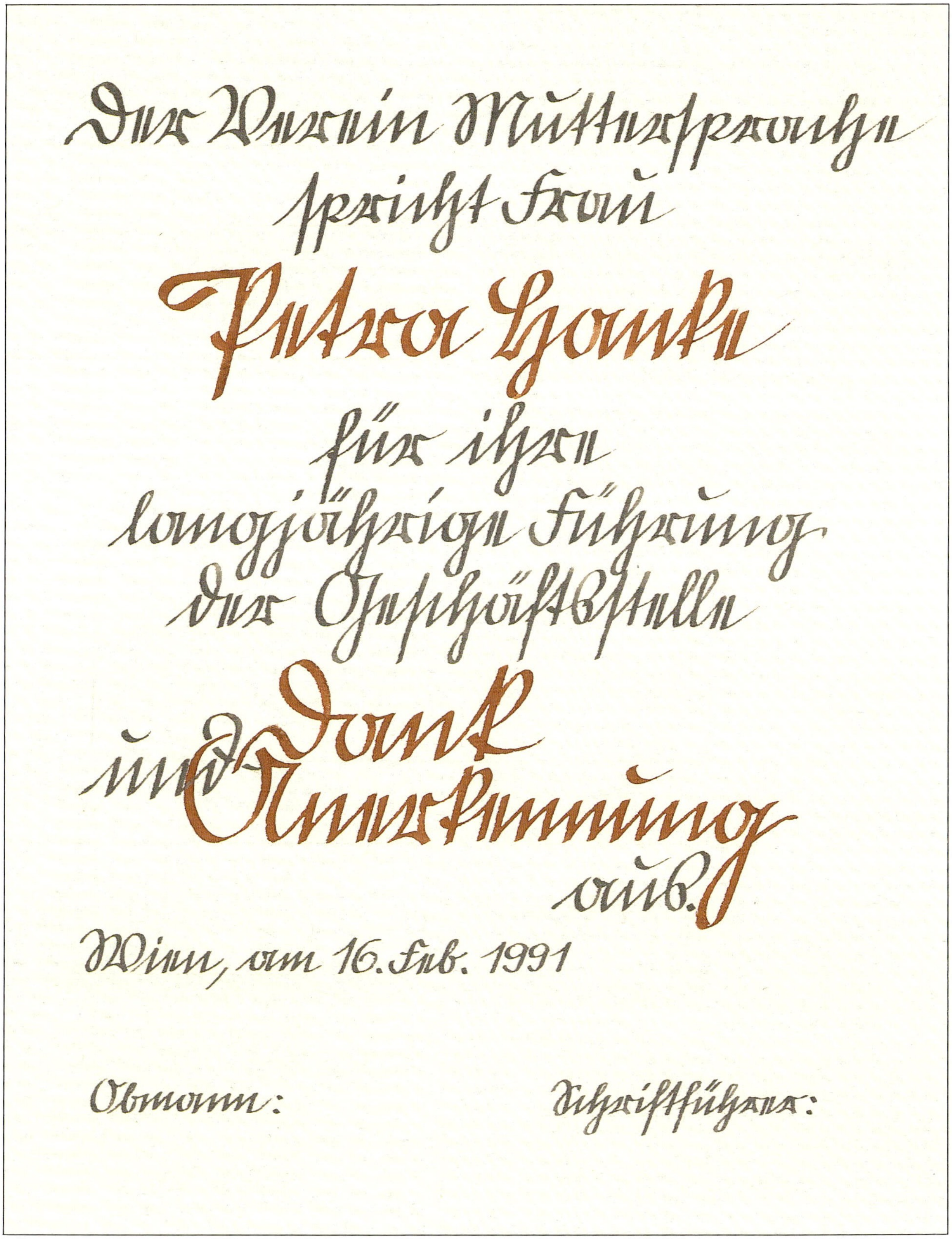
Der Verein Muttersprache
spricht Frau
Petra Hanke
für ihre
langjährige Führung
der Geschäftsstelle
Dank
und Anerkennung
aus.

Wien, am 16. Feb. 1991

Obmann: Schriftführer:

Urkunde Harald Süß

Werbeblatt Fa. Naturstein-Müller — Prof. Walter Stähle

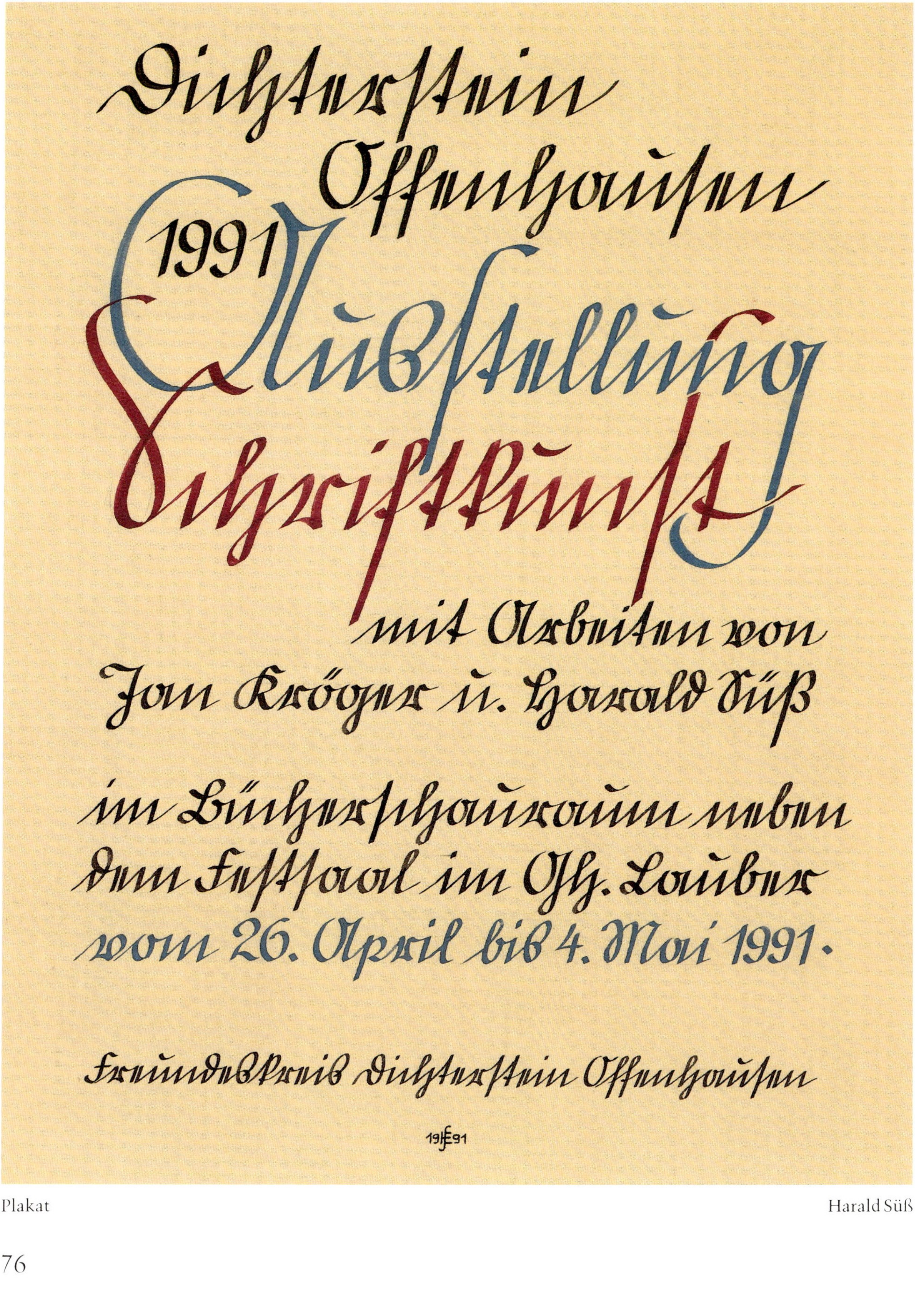

Plakat Harald Süß

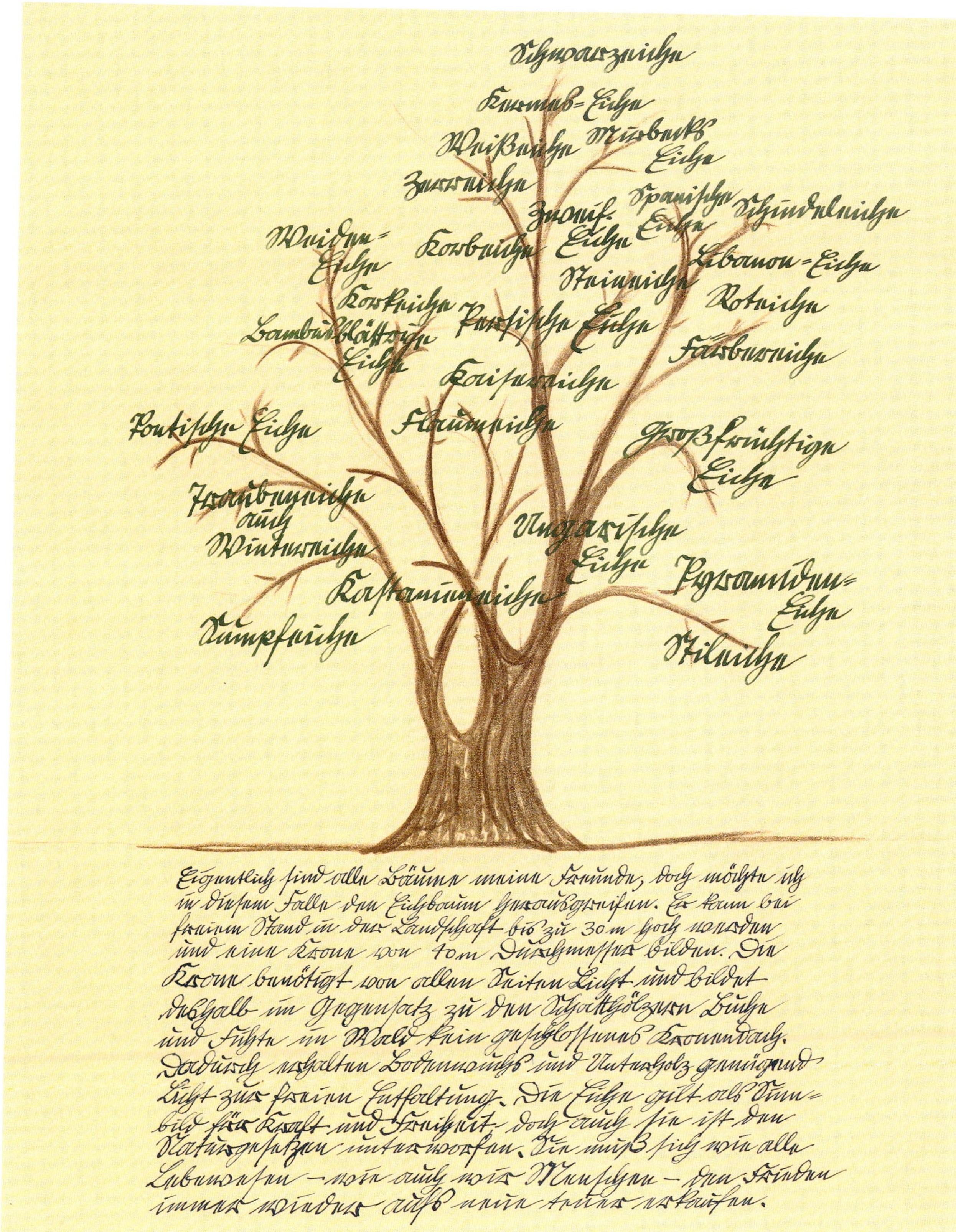
Schwarzeiche
Kermes-Eiche
Weißeiche
Mirbecks Eiche
Zerreiche
Zwerg-Eiche
Spanische Eiche
Schindeleiche
Weiden-Eiche
Korbeiche
Libanon-Eiche
Steineiche
Korkeiche
Roteiche
Persische Eiche
Lorbeerblättrige Eiche
Färbereiche
Kaisereiche
Flaumeiche
Pontische Eiche
Großfrüchtige Eiche
Traubeneiche auch Wintereiche
Ungarische Eiche
Kastanieneiche
Pyrenäen-Eiche
Sumpfeiche
Stieleiche
Eigentlich sind alle Bäume meine Freunde, doch möchte ich in diesem Falle den Eichbaum herausgreifen. Er kann bei freiem Stand in der Landschaft bis zu 30 m hoch werden und eine Krone von 40 m Durchmesser bilden. Die Krone benötigt von allen Seiten Licht und bildet deshalb im Gegensatz zu den Schatthölzern Buche und Fichte im Wald kein geschlossenes Kronendach. Dadurch erhalten Bodenwuchs und Unterholz genügend Licht zur freien Entfaltung. Die Eiche gilt als Sinnbild für Kraft und Freiheit, doch auch sie ist den Naturgesetzen unterworfen. Sie muß sich wie alle Lebewesen – wie auch wir Menschen – den Stürmen immer wieder aufs neue

Etikett, Türschild

Harald Süß

Literaturverzeichnis

Adelung, Johann Christoph: Grammatikalisch-kritisches Wörterbuch der hochdeutschen Mundart. – Leipzig 1774–1786

Busch, A. und Stoltefuß, E.: Die Sütterlin-Schreibweise (Band 23 der Reihe „Der Bücherschatz des Lehrers"). – Leipzig: Verlag Zickfeldt 1925

de Goede, Julius: Kalligraphie – Schönschreiben. – Augsburg: Augustus Verlag 1989

Die deutsche Schrift: Vierteljahreshefte zur Förderung der deutschen Sprache und Schrift. – Berlin und Hannover: Verlag Bund für deutsche Schrift und Sprache 1924–1941 und ab 1951

Die zeitgemäße Schrift: Studienhefte für Schrift und Formgestaltung. – Berlin: Verlag Heintze und Blankertz 1927–1943

Doede, Werner: Bibliographie deutscher Schreibmeisterbücher von Neudörffer bis 1800. – Hamburg: Hauswedell 1957

Dohna, Berthold zu: Warum nicht mal deutsch? – Schleswig: Verlag Initiative deutsche Schrift 1983

Gladt, Karl: Deutsche Schriftfibel (Anleitung zur Lektüre der Kurrentschrift des 17. bis 20. Jahrhunderts). – Graz: Akademische Druck- und Verlagsanstalt 1976

Gottsched, Johann Christoph: Vollständigere und Neuerläuterte Deutsche Sprachkunst. – Leipzig 1762

Grimm, Jakob und Wilhelm: Deutsches Wörterbuch in 32 Bänden. – Leipzig: Verlag Hirzel 1854 bis 1960. Nachdruck durch: Deutscher Taschenbuch-Verlag, München 1984

Grun, Paul Arnold: Schlüssel zu alten und neuen Abkürzungen. – Limburg/Lahn: Verlag C. A. Starke 1966

Grun, Paul Arnold: Leseschlüssel zu unserer alten Schrift (Nachdruck der Ausgabe von 1935). – Limburg/Lahn: Verlag C. A. Starke 1984

Hermersdorf, Martin: Die deutsche Schrift (Sonderdruck aus „Lehrerrundbrief 7/52"). – Frankfurt/M.: Hirschgraben-Verlag 1952

Hermersdorf, Martin: Vom rechten Schreiben. – Stuttgart: Verlag J. F. Steinkopf 1937

Jensen, Hans: Die Schrift in Vergangenheit und Gegenwart. – Glückstadt und Hamburg 1959

Jessen, Peter: Meister der Schreibkunst aus drei Jahrhunderten. – Stuttgart 1936

Johnston, Edward: Schreibschrift, Zierschrift und angewandte Schrift. (Aus dem Englischen übersetzt von Anna Simons). – Leipzig: Verlag Klinkhardt und Biermann, 1910

Kaempffe Albert/Melchior, Friedrich: Vom Werden unserer Schrift (Sonderdruck zum 100jährigen Bestehen der Federnfabrik Brause). – Iserlohn: Brause 1950

Koch, Rudolf: Die Offenbacher Schrift. – Berlin: Verlag Heintze und Blanckertz 1928

Koch, Rudolf: Das Schreibbüchlein – Eine Anleitung zum Schreiben. – Kassel-Wilhelmshöhe: Bärenreiter-Verlag 1930

Koch, Rudolf: Das Schreiben als Kunstfertigkeit. – Leipzig: Verlag des deutschen Buchgewerbevereines 1921

Lange, Dr. Wilhelm: Rudolf Koch, ein deutscher Schreibmeister (Band 6 des Monographien künstlerischer Schrift). – Berlin/Leipzig: Verlag Heintze und Blanckertz 1938

Leberecht, Franz: Hundert Jahre deutscher Handschrift. – Berlin: Verlag für Schriftkunde Heintze und Blanckertz 1914

Löw, Theodor: Gebrechen unseres Schulschreibsystems. – München: Bayrische Verlagsanstalt Karl Theodor Senger 1913. Nachdruck durch: Faksimile-Verlag, Bremen 1985

Schottelius, Justus Georg: Ausführliche Arbeit von der deutschen Haubtsprache. – Braunschweig 1663